Bücherwurm

Fibel

Erarbeitet von
Frances Fuhrmann, Sachsen
Bernadette Girshausen, Berlin
Marlies Wiesel, Sachsen

Unter Beratung von
Thomas Arnold, Sachsen
Beate Eckert-Kalthoff, Bayern
Kerstin Lampe, Brandenburg
Sigrid Schröder, Thüringen
Ute Petermann, Thüringen

Ernst Klett Verlag
Stuttgart · Leipzig

W w	60
P p	62
ch	64
👑 Au au	66
K k	68
B b	70
nk	72
Lernen lernen	74
Gleiche Teile im Wort erkennen	
Üben 1	75
Üben 2	76
Üben 3	77
V v	78
ng	80
ß	82
Sch sch	84
J j	86
St st	88
Z z	90
👑 Ä ä, Ö ö, Ü ü	92
👑 ie	94
Pf pf	96
👑 Eu eu	98
Lernen lernen	100
Weitere Könige – Umlaute und Zwielaute	
Üben 1	101
Üben 2	102
Üben 3	103
Sp sp	104
tz	106
Lernen lernen	108
Groß oder klein?	
Üben 1	109
Üben 2	110
Üben 3	111
ck	112
👑 äu / chs	114
Y y	116
Qu qu	118
X x	120
C c	122
Lernen lernen	124
Lesetipp 1: Über eine Lieblingsgeschichte sprechen: Die Olchis aus Schmuddelfing	
Lernen lernen	126
Lesetipp 2: Betont lesen	
Lernen lernen	128
Lesetipp 3: Mit dem Lesepfeil lesen: Die kleine Spinne Widerlich	
Jahreskreis	129

Die Kinder der Bücherwurm-Klasse

Üben

Bei uns in der Stadt

  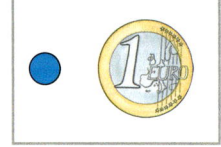  

Üben

Üben

Unsere Schule

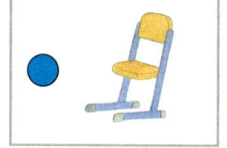
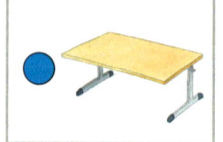

Üben

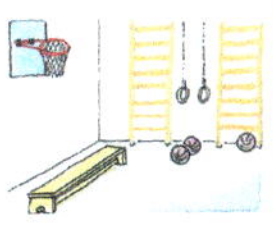

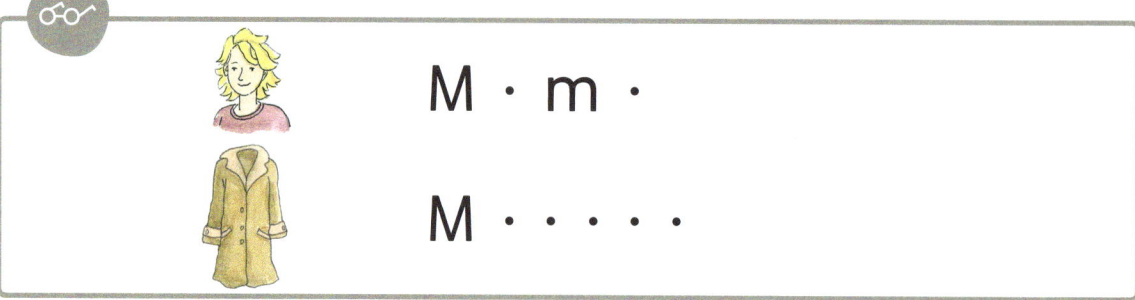

M · m ·

M · · · · ·

Lernen lernen

Silben schwingen

Silben schwingen → AH S. 15

Mama 🦵 am 🪑.
Mama 🧘.
Mama 🚶.
Mama ✍️.

M a m a

Ma ma
M a m a
 a   a

Mama
Mam
Ma
M
Ma
Mam
Mama

 A · · ·   · a · a ·

 Am · · ·   · a · a

Mama 🦶 am 🪑.
Mama 🦶 am 🗄.
Mama 👧 am 📱.

Ma ma am

M a m a   a m

Bipfel , napfel , schnapfel
Wer will einen Apfel
Apfel ist gesund
Kommt jetzt in den Mund

Jochen Missfeldt

  Mama   am

Üben

So ein Verkehr

Üben

    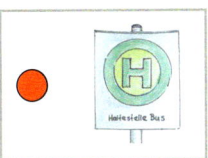

O o

und

Oma!
Momo!
Oma  am .
Oma  Momo.
Oma und Momo .

O m a   M o m o
O ma   Mo mo
O m a   M o m o
O   o

Oma
Om
O
Om
Oma

O — ma
Ma — ma

O · a
· o · ·
O · · ·
· o · · · ·

Oma 🪑 am 🪟.
Mama und Momo 🦶 am 🚉.
Oma 🦶 am 🚆.
Oma!
Momo 🤗 Oma!
Momo!
Oma 🤗 Momo!

Mein ungezogener Opa
Oma hat den Hut verloren,
Opa wackelt mit den Ohren.
Oma macht das gar nicht froh:
Opa darf nicht in den Zoo.

Mathias Jeschke

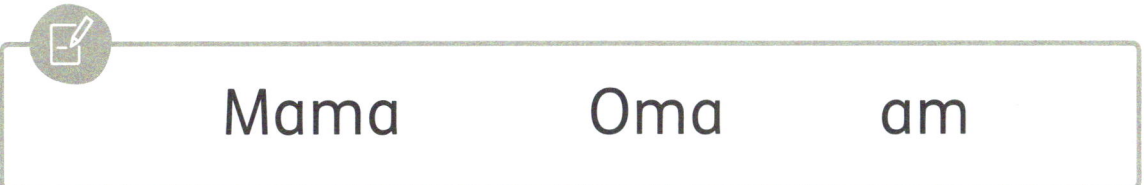

Imo und Momo .
Mami Momo.
Omi Imo.
Momo und Imo .

I m o   M a m i
I mo   Ma mi
I m o   M a m i
I   i

Oma
Om
O
Om
Omi

im
am

I . . .
I . . i a . . .
I . . . .
. i .

Omi 🦶 im ⛺.
Mami 🪑 im ⛺ und 👋.
Imo 🥣 im 🟡.
Momo 🧗 am 🛝.
Imo und Momo 🧦 im 🟡.
Momo und Imo 👧 im 🌱 🦔 🦔.

Stacheln hab ich wie ein Igel.
Ei, sieht das nicht lustig aus?
Purzle ich vom Baum herunter,
springt ein braunes Männlein raus.

Marga Arndt, Waltraut Singer

| Mami | Omi | im |

N n

ruft

Nino 🪑 am 🪑.
Nino ruft Nina.
Nina 👣 am 🪑.
Ina 🍽️ .
Nino 🍽️ .

N i n a   N i n o
Ni na   Ni no
Nina   Nino
N n   N n

Nina
Nin
Ni
N
Ni
Nin
Nino

Ina
in
an
Anna

Ni — na
   — no

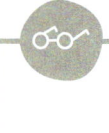 🎵 N o · ·    · o m i n o

 N a · ·    · o n n ·

Anna ruft Nina und Nino.
Nina ruft Anna und 🖐.
Ina, Nina und Anna 🧒.
Nino und Moni 🚰 am 🧼.

Nina nagt
an trockenen Nudeln –
besser als an nassen Pudeln!

Bettina Rinderle

Mann   an   in

Lernen lernen

Mit der Lauttabelle schreiben und lesen

22 Wörter schwingen, mit der Bücherwurm-Lauttabelle schreiben und lesen   Film 2

 Üben

 | L | a | m | a |
  L i m o

 Ni**no**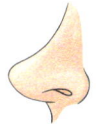

 Le**na**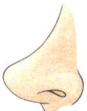

 Lo**la**

 O**ma**

Üben

 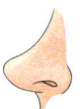

N
_____

S
_____

L
_____

M	a	m	a

M	a	m	i

- Mama → Mami
- Mami → Mimi
- Mimi → Moni
- Moni → Mona
- Mona → Anna
- Anna → Anni

Oma ruft Anna. Anna ruft Mami.
Mami ruft Moni. Moni ruft Ina.
Ina ruft Nina. Nina ruft Nino.

 Üben

 Mami Omi Anna Mama am Oma Moni
 Mama Nina Nino Ina Anna Nina Nino
am Imo im Ina am Anna Mama Oma

Nina und Nino und Ina  im  .
Mama und Oma  .
Am   Momo und Imo .
Momo ruft Mama .
Mama ruft Oma und Nina .
Mama ruft Nino und Ina .

 im

I _____ G _____

Üben

Bei uns in der Klasse

 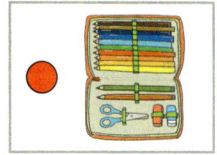   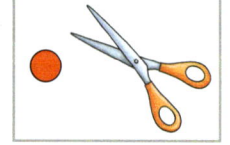

Üben

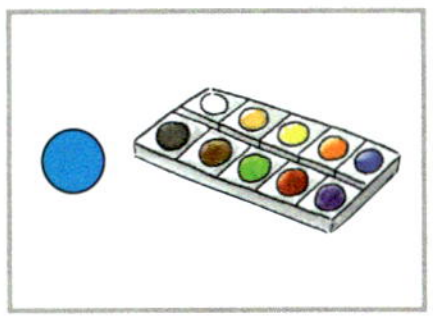

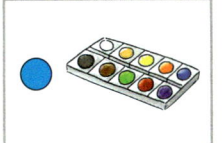    

„Lama! Lama!", ruft Nino.
Loni 🖌 lila 💐.
Lilo 💧 am 🚰 🖌 🖌.
🖌 Lola lila 🎈?

L a m a   l i l a
La ma   li la
L a m a   l i l a
L   l l

Lola
lila
Lilo
Lina
Lama

Li — lo
   — na

L a m · ·　　· l · m ·
L · · · · l　　· i n · · l

Nina ruft Lola.
Lola ruft Lilo.
Lilo ruft Milan.
Milan ruft Loni.
Loni ruft Nino
und Nino ruft: „Lama!"

Lirum, larum, Löffelstiel,
wer viel lernt, der weiß auch viel.

Lama   lila

Emil ruft: „Alle malen!"
Malen alle?
Ina und Nina malen .
Moni und Nino malen .
Lena .

E m i l	m a l e n	malen
		male
E mil	ma len	mal
		ma
E m i l	m a l e n	m
		ma
E	e	mal
		male
		malen
		alle

E · el   · a n n e
En · e   · a · e

Malen alle?
Malen alle 🐴?
Malen alle lila 🐴?

Emil, Moni und Nino malen lila 🐴.

Ene, mene, miste,
was rappelt in der Kiste?
Ene, mene, meck,
und du bist weg.
Weg bist du noch lange nicht,
sag mir erst, wie alt du bist.

Name	malen	alle
	male	

| T | t |  | |

ist

Tom ist im  .
Otto ist am ⚽ .
Tim ist mit Nina und Nino
am .
Tim ruft:
„Otto! Toll!"

T im   t oll
T   t

T
To
Tom
Toma
Tomat
Tomate
Tom
Tim

Otto
toll

Ta · el   · elt
Tele · on   T · te

Tom ist im ⚽🥅 und 🧦.
Otto ist am ⚽ und 🏃.
Tim ist mit Nina und Nino am 🪵.
Tim ruft: „Otto!
Toll, Otto! 🥅!"
Nina und Nino 👏.
Tante Tine 📣.

Das Krötenlied
Abends im Sumpf spielt die Kröte
auf ihrer Lieblingsflöte.
Sie spielt für ihren Krötensohn.
Die Flöte gibt nur einen einzigen Ton:
qua – qua – qua.

Georg Bydlinski

| Ente | Tante |
| Enten | Tanten |

S s  — — — — — — — sind

Am See

Nino und Anna sind am See.
Nino und Anna essen Salat.
Momo und lesen.
Esel Lilli ist am See.
Esel Lilli ruft: „I a, I a!"

S alami   E s el
S   s

S
Sa
Sal
Sala
Salat

l
le
les
lese
lesen

 · o s e   · e s e n
 · o s e   · a s e

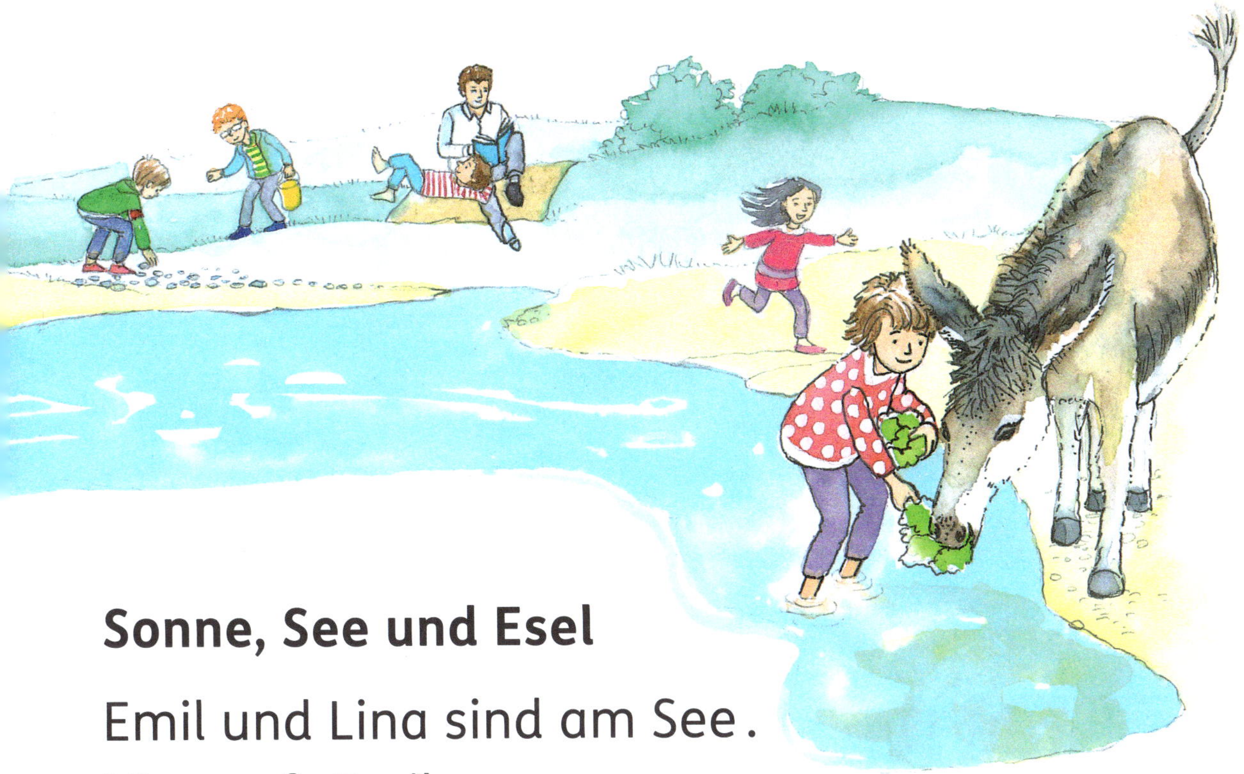

Sonne, See und Esel

Emil und Lina sind am See.
Nino ruft Emil .
Nino und Emil sammeln am See.
Lina Esel Lilli mit Salat.
Am sind Amseln und .

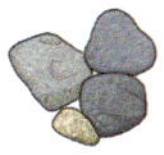

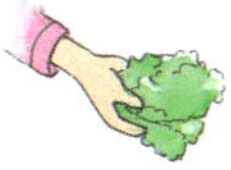

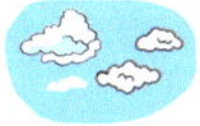

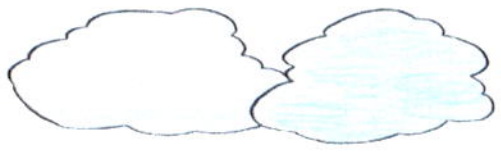

Elsas Esel

Elsas Esel isst Sesammus im Lesesessel.
Im Lesesessel isst Elsas Esel Sesammus.

Moni Port

Sonne	lesen	sollen	es
Nase	essen	soll	so

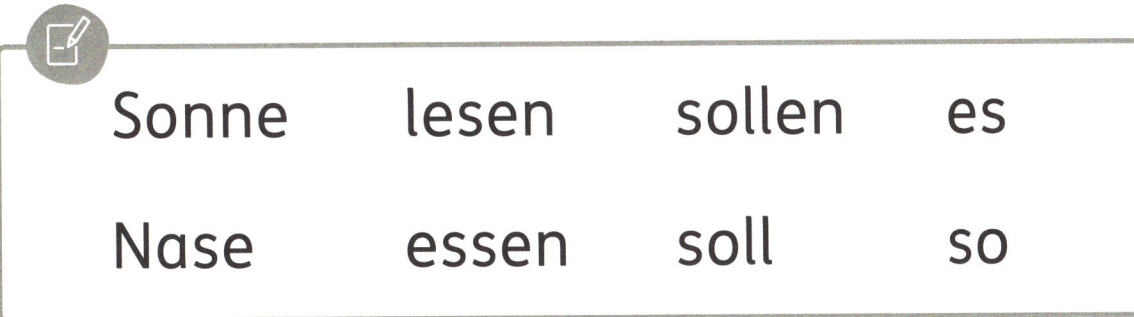

Uma **u**nd A**l**i

Uma und Ali .

Ali ist am ____ .

Unten ruft Uma: „Mut, Ali, los!"

Uma ruft: „Toll, Ali!"

Nun ist es ____ .

Ali muss los.

U ma   u nten
U   u

Und nun, Uma?

🤸 Uma mit Lilo und Emil 🪢?
Uma 🏃 um 🚧🚧🚧.
Uma summt.
Tom und Ina 🗣 mit Uma.
Es ist 🕔.
Uma muss los.

Wer geht im Paket auf Reisen?
Ute möchte Till besuchen,
leider wohnt er in Fernost.
Einen Flug kann sie nicht buchen,
also reist sie mit der Post.

Frank Smilgies

Minute	muss	unten	um
		uns	nun

Lernen lernen

Könige

Könige/Vokale kennenlernen

 Üben

③  Esel / E sel

 Ente / En te

 E s e l

 E n t e

 AEIOU

A a	?
am →	im
Last →	Lust
Mast →	Mist
Ast →	ist
tasten →	testen

mögliche Erarbeitung: für jeden Buchstaben einen Muggelstein legen, schwarze Muggelsteine, Laute in der ersten Silbe, grüne Muggelsteine, Laute in der zweiten Silbe

Üben

N<u>a</u>se	M**a**ntel
E<u>s</u>el	N**e**st
L<u>o</u>se	T**o**nne
T<u>u</u>te	N**u**ss

Ente	summen
nisten	Amsel
Insel	Tasse	Taste

   **Üben**

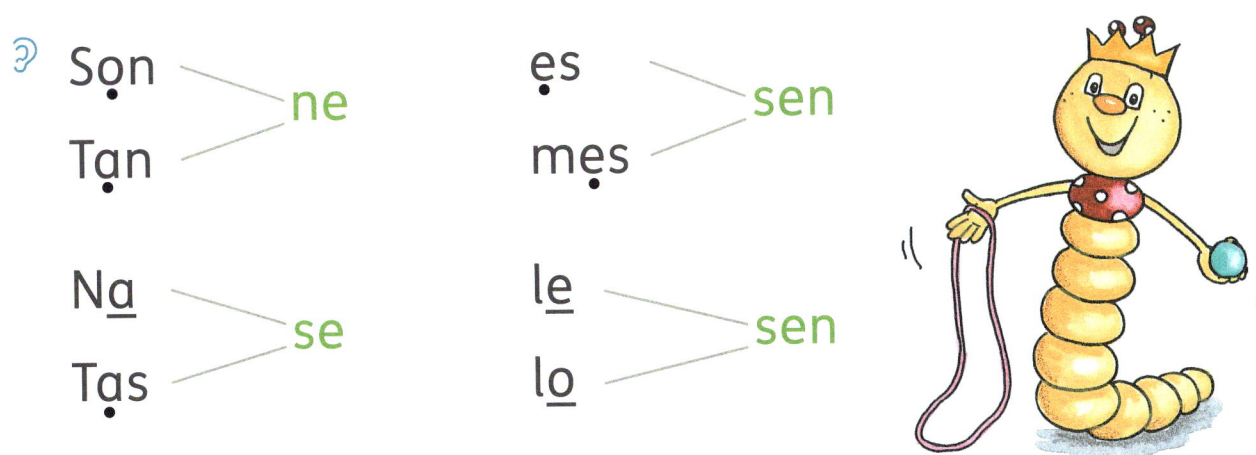

Son — ne
Tan

Na — se
Tas

es — sen
mes

le — sen
lo

Alle summen. Alle messen. Alle essen.
Alle sollen Sonnen malen. Toll!

 Lena summt.
Nun summen Lena und Lola.
Emil malt.
Nun malen Emil und Uma.
Milan  .
Nun lesen Milan, Nino und Otto.
Tom und Tim sind am  .
Ina ruft Tom.
Muss Tom los?

lange und kurze Vokale unterscheiden

G g

Gans Olga

Gans Olga mag Salat.
An allen Tagen mag
Gans Olga Salat.

Gans Olga sagt:
„Gi, ga, gag,
mag Salat, alle Tag,
gi, ga, gag,
mag Salat alle Tag!"

G ans   sa g en
G   g

G	s	T
Ga	sa	Ta
Gan	sag	Tag
Gans	sage	Tage
	sagen	

 Ga · el    · agen
 Gem · se    · egen

Salat alle Tage
Gans Olga mag Salat
nun am Samstag,
nun am Sonntag,
nun am Montag.
Mag Gans Olga Tomatensalat?

Ist Gans Olga im Nest?
Ist Gans Olga am See?
Ist Gans Olga im Sessel?

Guten Tag
Guten Tag,
guten Tag,
guten Tag.
Warum so oft?
Weil ich dich mag.

Georg Bydlinski

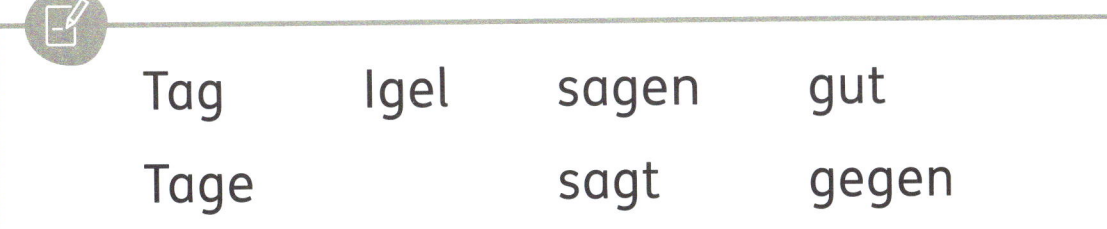

| Tag | Igel | sagen | gut |
| Tage | | sagt | gegen |

43

H h

Holen alle Matten?

„Hallo Tim", ruft Otto.

„Hallo Otto", ruft Tim.

Tim und Otto holen Matten.

Emil und Tom legen Matten hin.

Nun halten Loni und Lena 🪢 🪢.

Nina 🧗 am 🪢.

Nino 🧗 am 🪢.

Alle 👏 .

		h
		ho
		hol
		hole
		holen
		hole
H alle	h olen	hol
H	h	ho
		h

Himmel   Halle   Helm   holen   gehen

Hummel   alle   hell   halten   sehen

So, nun los!

Tim und Otto holen 🪢.
Otto ruft: „Nino, halte mal!"
Tim, Otto und Nino halten 🪢.
Tom und Ali sehen Tim, Otto und Nino
und gehen hin.
„Nun los, Ali! Nun los, Tom!", ruft Nino.
Ali 🤸 mit Otto, Nino und Tim.
Tom 🤸 mit Otto, Nino und Tim.
Alle 🤸.

Selten sieht man Hennen rasen,
sehr viel öfter rennen Hasen.

Manchmal jagen Grafen Hasen,
welche nah am Hafen grasen.

Dornen an den Hosen rupfen,
wenn wir in die Rosen hupfen.

Paul Maar

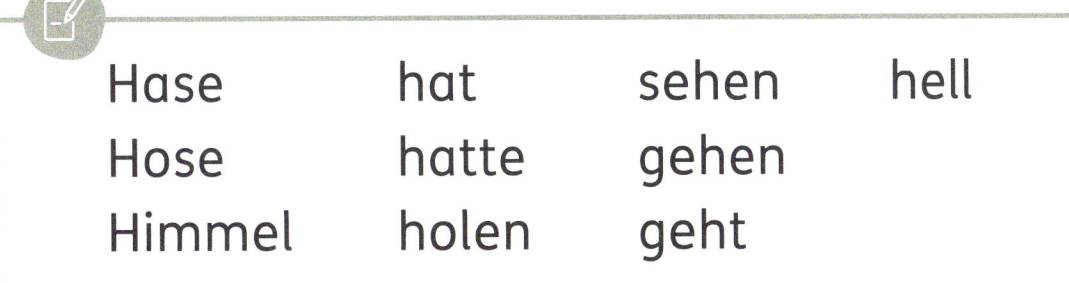

Üben

Alles Familie

 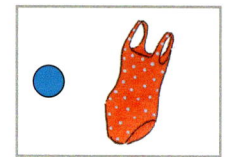   

Üben

F f

Gute Fee!

Nina ruft: „Hilfe! Oma!
Nino ist hingefallen!"
Oma sagt: „Nino!"

Oma hilft Nino.
Nino sagt: „Oma!"
Oma sagt: „Alles gut."

F ee   hel f en
F   f

helfen
helfe
helf
hel
he
h
hi
hil
hilf
hilft

Flug	Fee	hin	hoffen	fast
Flut	Fell	hinfallen	offen	fest
Fluss	Fest	hingefallen		fett

Ninos Unfall

Nina, Momo und Nino sind am Fluss.
Nino ist hingefallen.
Nina ruft: „Oma! Hilfe!"
Nina holt Oma.
Oma hilft Nino.
Nun geht es Nino gut.
Nino sagt: „Toll, Oma."

Längenunterschied

„Falls ich größer wäre,
pickte ich dich in den Hals",
sprach der Igel zur Giraffe.
Die Giraffe sagte: „Falls."

James Krüss

Hilfe	fallen	helfen	elf
Hof	gefallen	hilft	
Saft		geholfen	

R r

Rate mal!

Rate mal!
Es ist rot.
Ist es ⬚ ?

Rate mal!
Es ist rosa.
Ist es ⬚ ?

Rate mal!
Es rasselt.
Ist es ⬚ ?

R ose   r aten
R   r

| Regen | Roller | Rat | Rassel |
| regnen | rollen | raten | rasseln |

Alle raten mit

Er ist rot und rollt herum.
Es turnt im Nest.
Er sammelt Futter.
Es rennt und rennt.
Er frisst Samen.

Alle lernen es.
Gans Olga isst es am Morgen.
Nina und Nino tun es gern.
Emil und Moni tun es gern.

Eine leckere Weintraube wird ohne R zur …
Die Bettdecke, vorher bequem,
wird mit einem R unangenehm.

Horst Klein

rollen	rufen	lernen	rot	ihr
er rollt	er ruft	er lernt	nur	ihre

D d

Dora und Fiffi

Dora und Fiffi sind Affen. Das ist Fiffi.

Und das ist Dora, Fiffis Mutter.

Fiffi nimmt Doras Hand in den Mund.

Dora hat Fiffi im Arm.

D ose   d u
D   d

Dose	Durst	Hand	der	du
Rose	durstig	Hund	den	da
		Mund	dem	dort
Limo		und		
Limonade		gesund		

Tilo und Fiffi

Das ist Tilo.

Und das ist Tilos Limonade.

Fiffi hat Durst.
Er nimmt Tilos Limonade –
und fort ist er!

Von Giraffen und Affen
Ein Freund von mir redet mit Giraffen
und mit kleinen frechen Affen.
Na ja, er ist Direktor in einem Zoo.
Das macht man da so.

Ich habe keinen Zoo.
Dafür einen Kater mit eigenem Klo.

Heinz Janisch

Ende	finden	das	du	dort
Erde	reden	der	da	oder

Nino teilt gern

Nino teilt seine Melone mit Nina.
Er teilt seine Limonade mit ihr.
Er teilt seine Lollis mit Nina.
Er teilt sogar sein Eis mit ihr.
Und Nina?
Nina nimmt alles und sagt: „Toll, Nino."

Ei s   t ei len
Ei   ei

Ei	Leiter	teilen	rein
Eis	Reiter	heilen	nein
Reis	heiter	reisen	mein

Teilt Nina?

Nina hat eine Mandarine,
eine Mandarine allein.
Nina sagt: „Mmmh. Das ist gut."
Nino mag Mandarinen.
Teilt Nina mit Nino?
Nina teilt gern mit Nino!
Nino findet das fein.
Er sagt: „Toll, Nina!"

Komm, wir teilen brüderlich
den Apfel in der Mitte.
Zwei der Hälften esse ich,
und du bekommst die dritte.

Frantz Wittkamp

| Ei | ein | sein | mein | drei |
| Eier | eine | seine | meine | fein |

Lernen lernen

Wörter betont lesen

malen	legen	reisen
fragen	helfen	drehen
sagen	rufen	greifen

---

lesen

| tref fen | ho len | tur nen |

Üben

Ro
Do
Ha
se

Tan
Son
Rin
ne

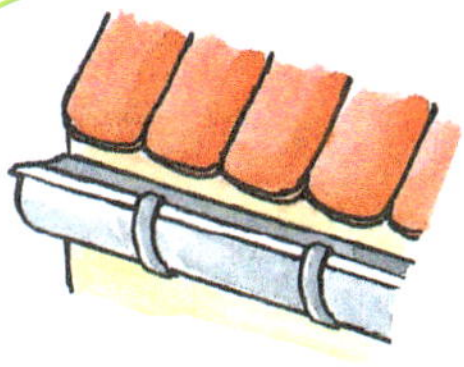

Regen   Re gen
Esel   E sel
Mantel   Man tel
Tomate   To ma te

Üben

🗣 Reime!

Hase	Hose	Leiter	drehen	fegen
Nase	Rose	Reiter	gehen	legen

In der Turnhalle
Tim
Tim und
Tim und Otto
Tim und Otto holen
Tim und Otto holen Seile
Tim und Otto holen Seile und
Tim und Otto holen Seile und Matten.

👥 Anna und Ali
Es ist Sonntag.
Ali ruft Anna an.
Ali fragt: „Magst du Eis essen, Anna?"
Ali hat ein Eis.
Er teilt sein Eis mit Anna.
Ali mag Anna.

 Üben

| mei ... |
| dei ... | ... ne |
| sei ... |

ho ...	... fen
hel ...	... den
re ...	... len

Frei ...	
Sams ...	... tag
Sonn ...	
Mon ...	

Has**e**
Hase Ole
Hase Ole mag
Hase Ole mag Salat
Hase Ole mag Salat und
Hase Ole mag Salat und eine  .

Anna und Ali
Es ist Sonntag.
„Hallo", ruft Ali ins Telefon.
„Guten Tag, Anna. Geht es dir gut?"
Anna sagt: „Mir geht es gut."
Ali fragt: „Magst du Eis
essen gehen, Anna?"
Ali trifft Anna am Eisladen.
Er teilt sein Eis mit Anna.
Mag Ali Anna?

betonte und unbetonte Silben verbinden; Blick erweitern – unbetontes „e" erkennen; mit einem Partner lesen

Was tust du … ?

Was tust du, wenn es regnet?
Was tust du, wenn es windig ist?
Was tust du, wenn es warm ist?
Was tust du, wenn es heiter ist?
Was tust du, wenn es hagelt?
Was tust du, wenn es eisig ist?
Was tust du, wenn es Winter wird?
Was tust du, wenn es Sommer wird?

Wir lesen, wenn es regnet. Und du?

W etter   w indig
W   w

Wind	was	wann
Seewind	Wasser	wenn
Nordwind	Wassereis	wo
windig	Wassermelone	wer

→ AH S. 52/53

Allerlei Wetter

| HAHN | WINTER | WANDERN | HUNDE |

| **WETTER** |

| SOMMER | REGEN | FAHNE | REISE |

So geht es: Winter + Wetter = Winterwetter

Was wollen wir, wenn wir wandern?

Wir wollen warmes Wanderwetter.

Zeitvertreib
Was wollen wir machen?
Auf dem Kopf stehen und lachen!
Was wollen wir spielen?
Auf dem Kopf stehen und schielen!

| Winter | werden | wollen | was |
| Wetter | wird | warten | wir |

Ein Sonntag

Opa, Nina und Nino lesen.
Papa ruft: „Nudelsuppe!"
Nina antwortet: „Nudelsuppe!
Super, Papi!"
Nino poltert mit den Tellern.
Opa sagt:
„So eine Pleite!
Pute ist feiner!"
Papagei Lori plappert: „So eine Pleite!"

- **1** Was isst Nina gern?
- **2** Warum sagt Opa „So eine Pleite"?

Papa
Pap
Pa
P
Pa
Pap
Papa
Papag
Papagei

P a p a   O p a
P   p   p

| Papa | Opa | poltern | hupen | pusten |
| Papi | Opi | er poltert | super | prima |

	Programm
15:00 - 15:30 Uhr	Hase Hoppel
15:30 - 17:00 Uhr	Pluto, der Papagei
17:00 - 17:15 Uhr	Grusel im Piratenpalast

Das Fernsehprogramm

Es regnet und regnet.
Papa fragt: „Was wollen wir tun?"
Nino sagt: „Fernsehen, Papa."
Opa ruft hinter dem Laptop: „Prima Idee!"
Papa fragt: „Was wollen wir sehen?"
Nina und Nino lesen das Programm.
Nino antwortet: „Pluto, der Papagei."
Nina antwortet: „Grusel im Piratenpalast."
Da fragt Opa: „Wollen wir losen?"

1 Warum lesen Nina und Nino das Programm?

2 Warum will Opa losen?

Auf den sieben Robbenklippen
sitzen sieben Robbensippen,
die sich in die Rippen stippen,
bis sie von den Klippen kippen.

Ampel	Suppe	April	Papa	Opa
	Puppe		Papi	Opi

ch

In der Nacht

In der Nacht werde ich wach.
Was ist los?
Ist da ein Monster?
Ich grusele mich.
Ich mache Licht.
Ich sehe das Flattern
der Gardine im Wind.
Ein Monster war es also nicht.
Ich lache erleichtert.

1 Wer gruselt sich?

2 Was war in der Nacht los?

   i ch
Li ch t
ch

   a ch
Na ch t
ch

| Licht | ich | richtig | Dach | lachen | nach |
| Wicht | mich | wichtig | Sachen | wachen | wach |

Futtersuche

Nicht nur Ratten und Feldhamster
suchen nachts nach Futter.
Der 🦡 , der Marder und der Uhu
suchen ihr Futter in der Nacht.
Der 🦊 rennt nachts hin und her.
Er holt sich oft Essensreste
und manchmal eine Gans.
Der Igel frisst sich nachts satt.
Und was macht der Wolf?

Wer sucht nachts noch sein Futter?

Ich nicht.

1 Wann suchen der Uhu und der Marder Futter?

2 Wer frisst sich in der Nacht satt?

Ein Pudel
spricht zur Nudel:
Ich mag dich nicht.
Die Nudel
spricht zum Pudel:
Du bist nicht dicht.

Peter Härtling

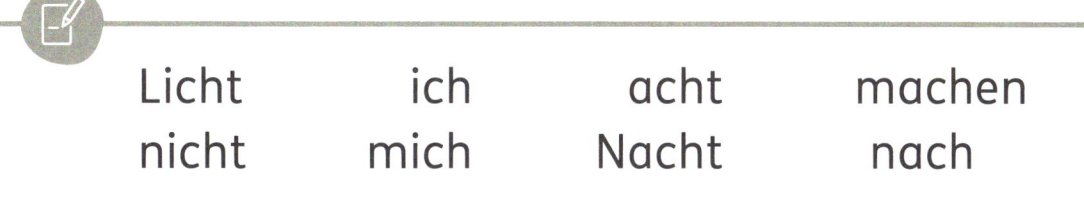

| Licht | ich | acht | machen |
| nicht | mich | Nacht | nach |

Au | au

Ninos Traum

Nino ist in einem Auto.
Er saust im Traum
mit dem Auto aus dem Raum.
Das Auto saust aus dem Haus.
Das Auto saust um den Turm.
Das Auto saust an eine Mauer.
Aus ist der Traum!

1 Was macht Nino im Traum?

2 Warum ist Ninos Traum aus?

Au to   s au sen
Au   au

Male deinen Traum!

Traum	Dauer	Maul	Frau	sausen
Raum	Mauer	faul	grau	er saust
	Lauer		traurig	sauer

Autos

Autos rasen ohne Pause
hin und her – immer mehr.
Autos sind laut und hupen.
Oft wissen wir nicht,
wohin mit ihnen.
Und was machen Autos
mit unserer Umwelt?
Ich frage dich:
Welche Autos sind wichtig und welche nicht?

- **1** Was ist gut an Autos?
- **2** Was ist nicht gut an Autos?

Was ist es?
In kleinen Trauben hängt es am Strauch,
ist rot wie Blut und gut schmeckt es auch.

Marga Arndt, Waltraut Singer   Johannisbeere

Maus	Auto	Raupe	laufen	auf
Haus	Auge	Pause	laut	aus
Haut	August			auch

Das Klassenfest

Klara und Nino rufen in der Pause:
„Kinder, kommt alle her!
Lasst uns ein Fest feiern!
Kommt im Kleid mit Krone, als Ritter
im Kettenhemd oder als Krokodil gekleidet!"
Lena ruft: „Toll! Wer macht Musik?"
Klara sagt: „Wir und unser Musiklehrer!"
Nino und Lena rufen:
„Wir machen Kuchen und Kekse
und kochen Kakao."

1 Warum rufen Klara und Nino nach den Kindern?

K lasse   Musi k
K   k

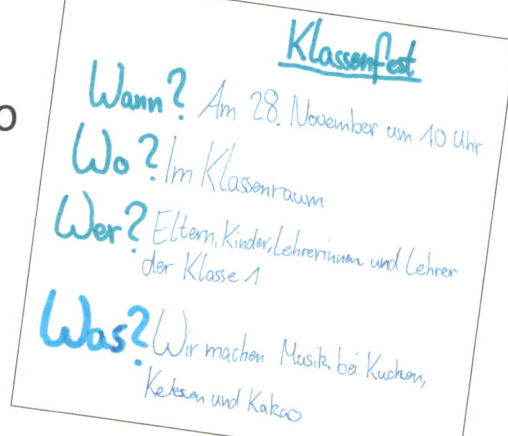

Klassenfest
Wann? Am 28. November um 10 Uhr
Wo? Im Klassenraum
Wer? Eltern, Kinder, Lehrerinnen und Lehrer der Klasse 1
Was? Wir machen Musik bei Kuchen, Keksen und Kakao

Kiste	Krone	kneten	kalt
Kekse	Krokodil	kosten	klein
Kette	Klasse	kauen	kein

Kannst du es erraten?

Es kommt aus Afrika. Es kommt mit wenig Wasser aus. Kennst du es?	 	Der Mann hat feine Kleider und eine Krone. Kennst du ihn?
Es ist kein Kind. Es hat ein weiches Fell und Krallen. Kennst du es?		Der Raum ist unten im Haus. Dort ist es meist duster. Kennst du ihn?

1 Kannst du das auch? Es ist ...

Klaus Knopf
Klaus Knopf liebt Knödel,
Klöße und Klöpse.
Klöpse, Klöße und Knödel
liebt Klaus Knopf.

Klasse	Kalender	kaufen	klein
Kleid	Kuchen	kommen	kalt
Kinder		kann	

B | b 🍌

Bananenmilch

Bananenmilch ist gesund.
Das brauchst du:
Bananen, Milch und Honig.
Das brauchst du auch:
Messer, Gabel, Brett und Becher.
Und so wird Bananenmilch gemacht:

Wir haben noch Erdbeeren, Honig und Milch. Was wollen wir tun?

 1 Was kannst du aus Bananen machen?

B anane   ha b en
B   b

Becher	Baum	Bitte	Bad	Leben
Brett	bauen	bitten	baden	leben
Gabel	er baut	er bittet	er badet	es lebt

→ AH S. 62/63

Eis, Brot, Butter und Bananen

Opa: „Nino, ich brauche Hilfe. Kaufe bitte Eis!"
Nino: „Prima! Eis!"
Opa: „Und ein Brot."
Nino: „Eis und ein Brot."
Opa: „Und Butter."
Nino: „Eis, ein Brot und Butter."
Opa: „Und Bananen."
Nino: „Brauchst du noch etwas, Opa?"
Opa: „Ich glaube, es ist besser, wir gehen gemeinsam einkaufen."
„Du hilfst mir tragen."

① Was wollen Nino und Opa kaufen?

② Warum gehen beide einkaufen?

Bürsten mit schwarzen Borsten bürsten besser als Bürsten mit weißen Borsten.

Boden	baden	haben	bunt	bis
Blume	bauen	leben	braun	bei

nk

O weh, Klara!

Beim Turnen kippt eine Bank um.
Klara und Ali fallen herunter.
Klaras 🧒 tut weh.
Ihr linkes Bein tut auch weh.
Klara weint und winkt hilflos.
Ali ruft: „Klara braucht Hilfe!"
Klara sagt: „Danke, Ali!"

Der Lehrer ruft Klaras Eltern an.
Beide sind bei der Arbeit.
Nun holt der Onkel Klara ab.
Klara und ihr Onkel fahren ins Krankenhaus.

○ **1** Was tut Klara weh?

● **2** Wer hilft Klara?

O nk el

   nk

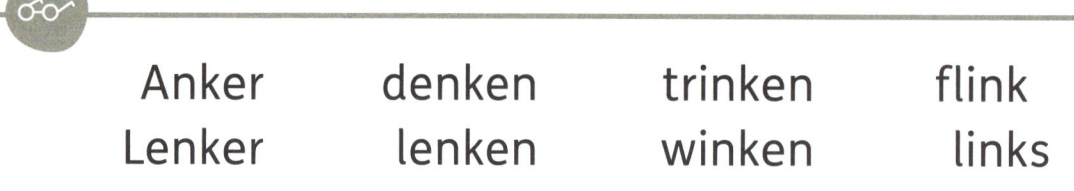

Klara fehlt

Seit ein paar Tagen fehlt ein Kind in der Klasse.
Klara hatte beim Turnen einen Unfall
und muss im Krankenhaus bleiben.
Klara muss ruhen.
Ihr linkes Bein tut auch noch weh.
Ihre Klasse denkt an Klara.
Alle Kinder malen ihr eine Karte.
Nina und Nino tragen Blumen und Karte
ins Krankenhaus.
Klara lacht und sagt: „Danke, beste Klasse 1!"

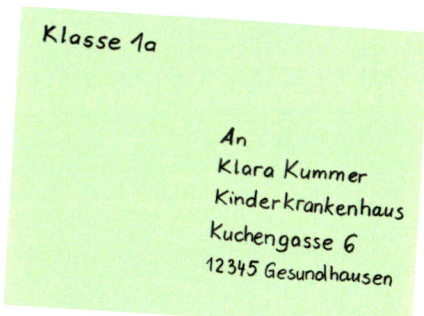

Male Klara eine Karte!

1 Warum fehlt Klara?

2 Wer denkt an Klara?

Klasse 1a

An
Klara Kummer
Kinderkrankenhaus
Kuchengasse 6
12345 Gesundhausen

DANKE DANKE DANKE DANKE DANKE DANKE
DANKE DANKE BITTE DANKE DANKE DANKE
DANKE DANKE DANKE DANKE DANKE DANKE

Onkel	danken	dunkel
Bank	denken	krank

Lernen lernen

Gleiche Teile im Wort erkennen

| an- | ansehen | anrufen | anhalten | anmalen |
| um- | umsehen | umlaufen | umfallen | umgehen |

-lad-	einladen	aufladen	beladen
-sag-	ansagen	aufsagen	absagen
-frag-	befragen	erfragen	ausfragen

-e	Ente	Lupe	Geige	Rede
-n	hageln	segeln	pinseln	kreiseln
-er	Maler	Lehrer	Reiter	Leiter
-el	Ampel	Nagel	Hagel	Amsel

Wortbausteine erkennen

 Üben

 amm    ass    att

 umm    itt    ell

Tasse	Welle	Watte	hell	Fell
summen	Kamm	Matte	Hammer	Mitte
Kasse	Lamm	dumm	Ratte	bellen
Lasso	Masse	Kammer	Kummer	Latte
Gitter	Ritter	krumm	Tritt	Klasse

Hurra! Ich habe alle!

Signalgruppen würfeln und zu den Augen passende Wörter finden

Üben

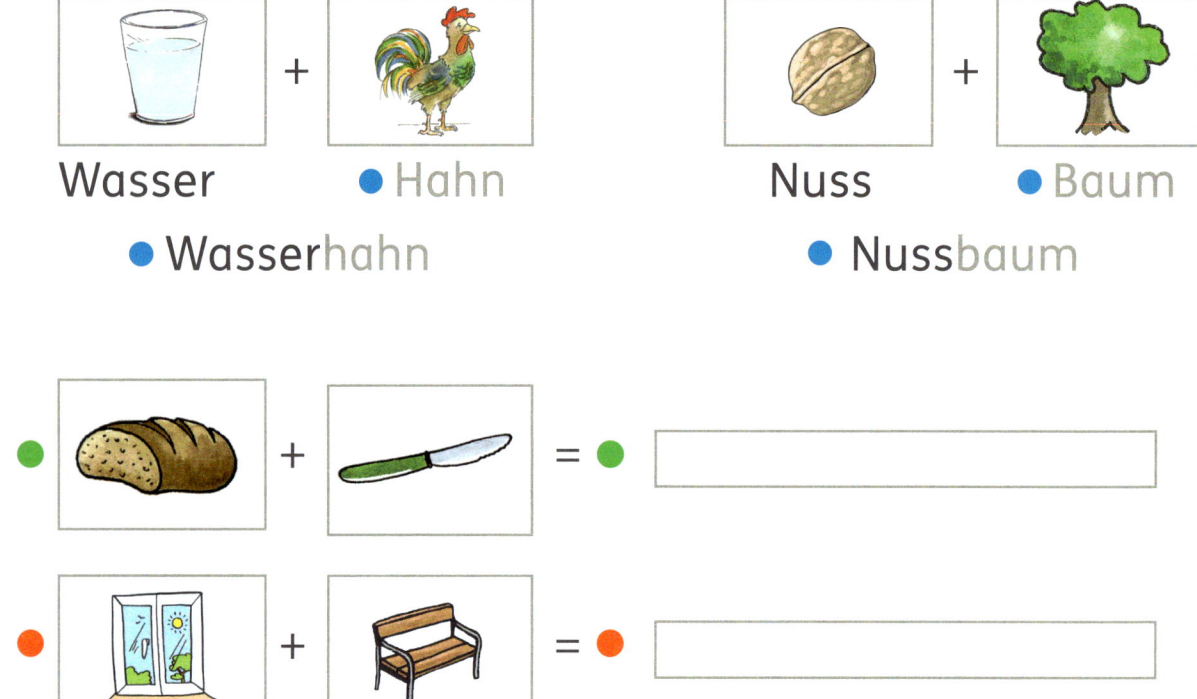

Wasser + Hahn
• Wasserhahn

Nuss + Baum
• Nussbaum

Enten gehen.
Enten gehen am See.
Enten gehen am See umher.

Mein Hamster turnt.
Mein Hamster turnt im Rad.
Mein Hamster turnt im Rad herum.

gleiche Teile im Wort erkennen: zusammengesetzte Substantive/Komposita; Blickfelderweiterung: immer längere Sätze lesen

 Üben

Bank + •Nachbar   Hof + •Pause
•Banknachbar   •Hofpause

Butter + Brot + •Dose   Wand + Tafel + •Kreide
•Butterbrotdose   •Wandtafelkreide

Baum + Haus + •Leiter   Ritter + Burg + •Turm
•Baumhausleiter   •Ritterburgturm

Hand + Ball + Tor + •Wart
•Handballtorwart

Nino klettert.
Nino klettert auf der Leiter.
Nino klettert auf der Leiter in sein Baumhaus.
Nino klettert auf der Leiter in sein Baumhaus hinauf.

Nina sucht Nino.
Nina sucht Nino im Garten.
Nina sucht Nino im Garten und im Baumhaus.
Nina sucht Nino im Garten und im Baumhaus auch.

gleiche Teile im Wort erkennen: zusammengesetzte Substantive/Komposita; Blickfelderweiterung: immer längere Sätze lesen

Verloren und vergessen

In der Turnhalle ist
mein Turnhemd nicht.
Beim Hausmeister ist es nicht.
Daheim ist es auch nicht.
Ich habe mein Turnhemd verloren!
Ich vermute, es ist im Verein.

Abends kommt Vater nach Hause,
ohne seinen Mantel.
„Wo ist dein Mantel?", frage ich.
„Mein Mantel?
Oha! Den habe ich vergessen."

1 Wo sucht Otto sein Turnhemd?

2 Was ist mit dem Mantel des Vaters?

V ogel	V ase	bra v
V	V	v

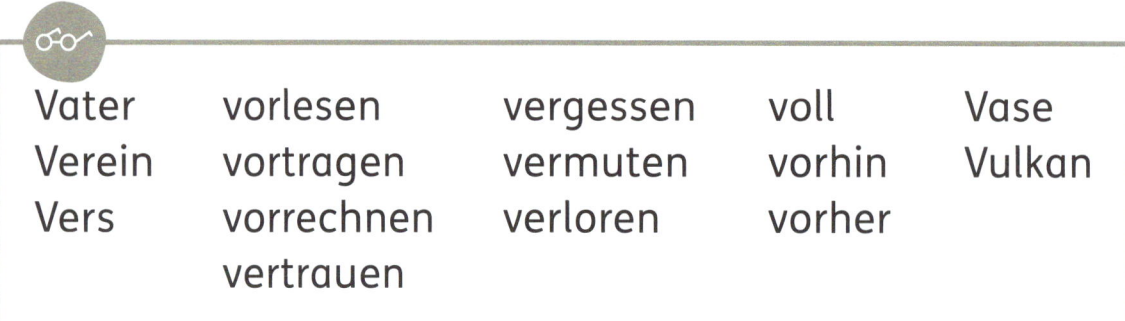

Vater	vorlesen	vergessen	voll	Vase
Verein	vortragen	vermuten	vorhin	Vulkan
Vers	vorrechnen	verloren	vorher	
	vertrauen			

78 → AH S. 68

Vertrauen

Manchmal mache ich etwas verkehrt.
Dann frage ich Emil um Rat.
Ihm kann ich vertrauen.
Einmal hatte ich mein Turnhemd verloren.
Ich fragte also Emil um Rat.
Emil sagte: „Wir waren beim Turnen im Verein!
Dort wird dein Turnhemd sein."
In der Umkleidekabine des Vereins fanden wir es.

Vorhin hatte ich mich verrechnet.
Emil gab mir einen Tipp:
„Du hast nur etwas verdreht.
Versuche es so!"
„Danke, Emil!"

 **1** Wen fragt Nino um Rat?

 **2** Was macht Emil?

Violetta Vogelsang
ist vor Vulkanen ziemlich bang.
Hingegen Viktor Woll
findet sie toll!

Bettina Rinderle

Vater	versuchen	von
Vogel	verrechnen	vom

79

ng

Singen mit meinem Vater

Ich besuche einmal in der Woche
meinen Vater. Mit der Gitarre
singt er mir lange vor.
Oft singen wir auch beide miteinander.
„Das nennt man Duett", sagt mein Vater.
Unser gemeinsames Singen klingt so gut,
dass wir es aufnehmen.
Unsere Aufnahme nehme ich mit nach Hause.
So habe ich den Gesang mit meinem Vater
immer bei mir.

○ **1** Wann besucht das Kind seinen Vater?

● **2** Was ist am Vater besonders?

si ng en

ng

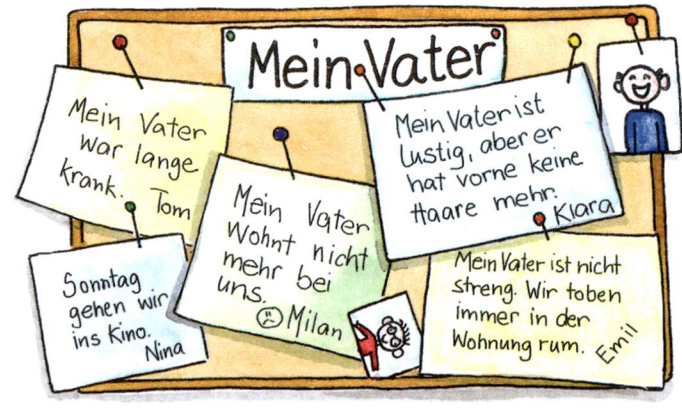

Ring	Angel	Wangen	Hunger	klingen
Ding	Angler	fangen	hungern	bringen
Finger	angeln		hungrig	

Angeln mit meinem Vater

Vater und ich gehen gern gemeinsam angeln.
Es ist noch fast Nacht.
Denn nur bei Sonnenaufgang fangen wir Heringe.
Mit kalten Wangen und Nasen warten wir am Wasser.
Mit unseren eiskalten Fingern halten wir unsere Angeln fest.
Doch lange warten wir nicht.
Was ist das? Eine Bewegung?
Ein Leng! Wir fangen einen Leng.
Vater ruft begeistert:
„So ein Fang!
Aber womit bringen wir
den Leng nach Hause?
Hast du eine Idee?"

Das ist ein Leng.

Das ist ein Hering.

○ **1** Was angeln der Vater und sein Kind?

○ **2** Was ruft der Vater begeistert?

Was sind das für Sachen?
Vögel, die nicht singen
Glocken, die nicht klingen
Pferde, die nicht springen
Kinder, die nicht lachen
Was sind das für Sachen?

| singen | bringen | fangen |
| er singt | ihr bringt | wir fangen |

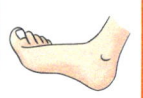

Paul haut Tim

Im Film haut ein Mann
einen anderen Mann.
Einmal und noch einmal.
Warum macht er das?
Ich weiß es nicht.
Weißt du es?

In der Pause draußen auf dem Hof
haut der große Paul
den kleinen Tim.
Warum macht er das?
Ich weiß es nicht.
Weißt du es?
Da kommt Ling.

1 Was ist in der Pause los?

gro ß

ß

| ich weiß es | ich heiße | außen |
| du weißt es | du heißt | draußen |

Das wollen Nina und Nino nicht:

| andere mit dem Fuß treten | andere beißen | andere hauen | Sachen anderer kaputtmachen |

| anderen drohen |

 Das finden Nina und Nino gut:

| sich vertragen | aufeinander achten | sagen, wenn man etwas kaputt gemacht hat |

| große Kinder helfen kleinen Kindern | einen netten Gruß senden |

Weißt du was?
Weißt du was?
Wenn's regnet, wird's nass,
wenn's schneit, wird's weiß,
du bist ein alter Naseweis.

Wir helfen einander.

- **1** Was willst du nicht?
- **2** Was findest du gut?

Fuß	heißen	groß
Gruß	beißen	heiß
	reißen	weiß

Sch | sch

Gute und schlechte Tage

Schlechte Tage:	Gute Tage:
– Knatsch in der Schule haben – bei schlechtem Wetter Regenschirm vergessen – am Abend schnell ins Bett gehen – ohne Gutenachtgeschichte einschlafen	– in der Schule schnattern – im Sonnenschein Roller fahren – ein Eis schlemmen – ein Geschenk bekommen – mit Mama kuscheln

1 Wann geht es dem Kind gut?

Sch ule   ku sch eln

Sch   sch

Schaf	schenken	schmusen	schlank
Schiff	Geschenk	schwindeln	schwer
Schlange	geschenkt	schnattern	schade

Ich mag

Nina schreibt:
Ich mag Schimpansen.
Der Schimpanse ist ein Menschenaffe.
Er ist schlau.
Er kann rasch lernen und Dinge erforschen.
Klettern kann er besonders gut.
Sein Fuß ist eine weitere Hand.

Nino schreibt:
Ich mag Schafe.
Das Schaf hat ein weiches, flauschiges Fell.
Im Sommer wird das Fell des Schafes geschoren.
Aus dem Fell wird Wolle gemacht.

Schakal
Schmetterling
Schneeleopard

1 Was kann der Schimpanse besonders gut?

2 Welches Lebewesen mag Nino?

Fischwunder
Ich geh zu Tisch,
spricht der Fisch.
Seltsam ist er anzusehen:
Selten können Fische gehen.

Max Kruse

Schule	schlafen	schon	Tasche
Schere	schlagen	schnell	Tisch
Schnee	schreiben		

J | j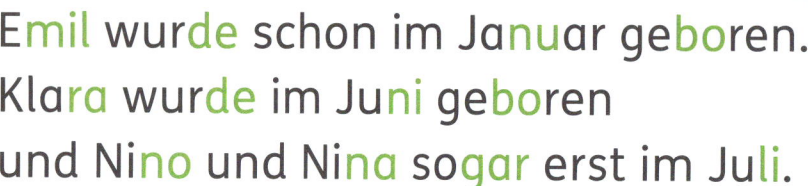

Ein besonderer Tag

Ihn gibt es nur einmal
in jedem Jahr:
den Geburtstag.

Es ist der Tag,
an dem jemand geboren wurde.

Emil wurde schon im Januar geboren.
Klara wurde im Juni geboren
und Nino und Nina sogar erst im Juli.

① Welchen Tag gibt es nur einmal im Jahr?

② Sind alle Kinder im Sommer geboren?

J ahr j emand
J   j

„Geburtstagskind, Geburtstagskind, tritt in unsern Kreis geschwind!"

Jahr	Johann	jagen	jede
Jaguar	Johannisbeere	jammern	jeder
Jo-Jo	Johannisbeersaft	jubeln	jedem
Joghurt		jodeln	jemand

Klaras Geburtstag

Klara hat im Juni Geburtstag.
Klara feiert ihren Geburtstag mit Otto, Ali, Anna,
Nino und Nina.
Otto schenkt Klara ein Jo-Jo. Klara jubelt.
Alle essen Joghurttorte.
Alle trinken Johannisbeersaft.
Ali pustet einen Luftballon auf.
Otto, Klara, Nino und Nina machen
einen Eierlauf.
Otto jammert.
Er hat sein Ei verloren.
Am Abend sind alle Kinder geschafft.

○ ❶ Was bekommt Klara geschenkt?

◐ ❷ Warum sind alle Kinder abends geschafft?

Junge jodelnde Jodlerjungen
jodeln jaulende Jodeljauchzer.
Jaulende Jodeljauchzer jodeln
junge jodelnde Jodlerjungen.

Wir basteln Einladungskarten!

jung	Januar
Junge	Juni
Jungen	Juli

St | st

Auf nach Stralsund

Emil und Nino wohnen in derselben Straße.
Eines Tages ist Emil traurig.
Nino fragt: „Was ist los?"
Emil antwortet:
„Ich werde bald in Stralsund leben.
Das ist weit weg von dir.
Mein Vater bekommt dort eine andere Arbeitsstelle."
Nino muntert Emil auf:
„Aber in Stralsund gibt es tolle Sachen,
das Meer und das Meeresmuseum."
Emil staunt.

1 Warum ist Emil traurig?

2 Was muntert Emil auf?

St raße   st aunen

St   st

Scht? Nein!
Du schreibst
St oder st.

Stein	Strand	staunen	stark
Stelle	stoßen	stechen	steil
Streit			streng

→ AH S. 75

Ein besonderer Stein

Emil und Nino sind Banknachbarn.
Aber bald wird Emil in Stralsund leben.
Emil nimmt seinen Stift und schreibt seine Adresse
auf ein Blatt.
Still reicht er das Blatt an Nino weiter.
Dann schenkt Nino Emil einen bemalten Stein.
Emil staunt und lacht.
Nino wird Emil in Stralsund besuchen.
Bestimmt wird Emil mit Nino in das Meeresmuseum gehen.
Beide wollen auch an den Strand und im Meer baden.

○ ❶ Was schreibt Emil auf?

◐ ❷ Was ist an dem Stein besonders?

?
hab zwei Arme die sich strecken
eine Glocke dich zu wecken
Zahlen stehen auf mir stumm
eins bis zwölf im Kreis herum

Walther Petri

Stift   stehen   still
Stange   er steht
Stunde

Z z

Mein Opa als Zahnarzt

Mein Schneidezahn ist lose.
„Das ist gar nicht schlimm",
sagt mein Opa. „Es ist ein Milchzahn.
Er wird nun gezogen.
Schon bald wird ein anderer Zahn nachkommen."
Opa holt einen Faden und
bindet ihn um meinen Zahn.
Er zerrt kurz daran und
schon baumelt mein Zahn am Faden.
Nun kann ich erst einmal nicht so richtig Zoo,
Zwerg oder Zitrone sagen.

○ ❶ Welcher Zahn ist lose?

◐ ❷ Wozu braucht Opa einen Faden?

Z ahn   z erren

Z   z

Zahn	Zitrone	Herz	er zog
Zahnarzt	Zwerg	Kerze	gezogen
Zahnpasta	Zug	Holz	zerren

Beim Zahnarzt

Mama und ich gehen zum Zahnarzt.
Wir sind im Wartezimmer.
Ich werde aufgerufen.
Ich lege mich auf den Zahnarztstuhl.
Mir ist ein bisschen mulmig zu Mute.
Aber der Zahnarzt ist nett.
Ich muss meinen Mund ganz weit aufmachen.
Der Zahnarzt untersucht Zahn um Zahn.
Er lobt mich: „Sehr sauber. Gut gemacht!"
Ich bin froh, denn er hat nicht gebohrt.

Alles sauber?

○ ❶ Was macht der Zahnarzt?

○ ❷ Warum lobt der Zahnarzt das Kind?

Zweiundzwanzig zierliche Zwerge zwicken
zwei zweckige, zwackige, zappelige Zwickelkrebse.

Zahn	Zug	zeigen	zehn
Zahl	Zeit	er zeigt	zwei
Zehe	Zimmer		zum

Krimi

Otto hatte sich von Anna ein Buch geborgt.
Als er ihr das Buch nach einigen Tagen brachte,
fragte Anna:
„Wo hast du mein schönes
Lesezeichen gelassen?
Es lag zwischen den Seiten 17 und 18!"

Otto ärgerte sich über ihre Behauptung.
Er sagte: „Das kann nicht sein, Anna.
Ich werde es beweisen.
Um den Fall zu lösen,
brauche ich keine fünf Minuten!"

① Worüber ärgert sich Otto?

② Otto hat den Fall gelöst. Du auch?

Mann	Wort	Buch	schälen
Männlein	Wörter	Bücher	stören
			schütteln

Märchenbücher – ratet mit!

1. Eine Prinzessin ärgert sich und will den Frosch nicht küssen.
2. Ein Männlein tanzt um Flammen herum.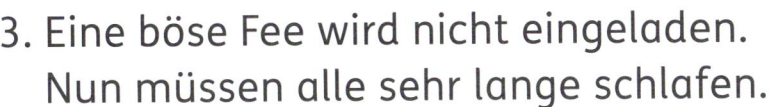
3. Eine böse Fee wird nicht eingeladen. Nun müssen alle sehr lange schlafen.
4. Ein Müller hat drei Söhne. Der jüngste von ihnen erbt einen besonderen Kater.
5. Ein Mädchen ist völlig mit Gold überschüttet und ein anderes Mädchen mit Pech.

○ ❶ In welchem Märchen erbt ein Sohn einen Kater?

● ❷ Welches der Märchen gefällt dir am besten? Male ein Bild dazu.

Märchen
Der goldene Sonnenball
ist in den Brunnen gefallen.
Am Morgen holt ihn der Froschkönig wieder herauf.
Da keine Prinzessin ihn ruft,
wirft er den Ball in den Himmel.

Wolfgang Bächler

| Mädchen | fährt | können | böse | Frühling | fünf |
| Wärme | fällt | hören | schön | Flügel | grün |

Tiere machen Musik

Ein Stier am Klavier.

Eine Biene mit der Violine.

Das Nashorn
kann kein Instrument,
deshalb ist es Dirigent.

Nino denkt nach:
Mit der Trommel kann man trommeln.
Mit der Geige kann man geigen.
Mit der Trompete kann man trompeten.

Aber mit dem Klavier kann man nicht klavieren,
und mit der Violine kann man nicht violinen.

○ ❶ Warum ist das Nashorn Dirigent?

◐ ❷ Worüber denkt Nino nach?

B ie ne

  ie

Tier	Papier	fliegen	die
Stier	Klavier	siegen	hier
Biene		wiegen	vier

Wenn Riesen niesen

Sieben Riesen,
die mit bloßen Füßen
über nasse Wiesen liefen,
niesten mit ihren Riesennasen so laut,
dass von diesem Riesenniesen
sieben Wieselkinder,
die in tiefen Zimmern schliefen,
aufwachten und „G'sundheit!" riefen.

Josef Guggenmos

 1 Wie viele Riesen müssen mit ihren Riesennasen niesen?

 2 Warum wachen die Wieselkinder auf?

Das Wiesel

Ein Wiesel
saß auf einem Kiesel
inmitten Bachgeriesel.
Wisst ihr,
weshalb?

Das Mondkalb
verriet es mir
im Stillen:
Das raffinierte Tier
tat's um des Reimes willen.

Christian Morgenstern

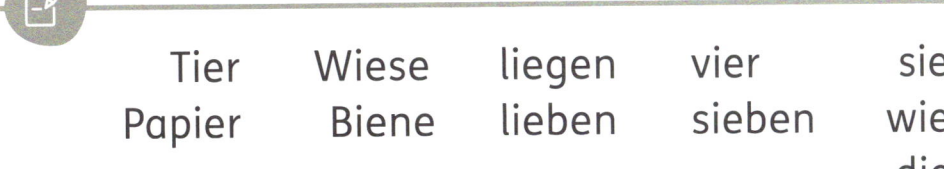

Tier	Wiese	liegen	vier	sie
Papier	Biene	lieben	sieben	wie
				die

Pf | pf

Die besondere Wasserpflanze

Eines Tages brachte Papa
eine Topfpflanze mit nach Hause.

Am anderen Tag sah die Pflanze
ein wenig welk aus.
Mama dachte, Pflanzen muss man pflegen.
Sie gab der Topfpflanze Wasser.
Bald kam Nina. Sie dachte,
Pflanzen muss man pflegen.
Sie gab der Pflanze auch Wasser.

Am Abend kam Papa nach Hause.
Er sagte: „Unsere Pflanze ist wohl
eine Wasserpflanze."

○ **1** Wer gießt die Pflanze?

● **2** Warum sagt Papa „Wasserpflanze"?

Pf lanze   pf legen

Pf   pf

Pflanzen	Zopf	pfeifen	klopfen
Pflaster	Topf	pflegen	tropfen
Pfote	Knopf		hüpfen

Besondere Pflanzen

Uma schaut auf eine Topfpflanze.
Dabei bemerkt sie eine Fliege.
Die Fliege hüpft auf der Pflanze hin und her.
Die Pflanze heißt Schlauchpflanze.
Sie hat lange, röhrenartige Blätter.
Die Röhren sind grün. Der Rand ist lila.
Die Fliege schlüpft in die Röhre
und kommt nicht mehr heraus.
Denn die Schlauchpflanze frisst kleine Fliegen.
Uma hat noch eine Venusfliegenfalle.
Diese Pflanze frisst ebenfalls Fliegen.
Sie sieht aber ganz anders aus.

1 Welche Pflanzen hat Uma?

2 Was ist an der Schlauchpflanze besonders?

Regen, Regen, tropf, tropf, tropf,
fall auf meinen Kopf, Kopf, Kopf,
fall auf meine Hand, Hand, Hand,
fall aufs ganze Land, Land, Land!
Regen, Regen.

Annette Huber, Nina Kuhn

| Pferd | Apfel | pflanzen | pflegen |
| Pferde | Kopf | sie pflanzt | sie pflegt |

97

Moni

Ich möchte euch Moni vorstellen.
Moni ist anders.
Du siehst es an ihren Augen.
Sie stehen ein bisschen auseinander.
Moni lernt gern.
Moni kann auch alles lernen.
Nur braucht sie mehr Zeit als andere Kinder.
Moni malt mit sehr viel Freude.
Deshalb hat sie heute eine Eule für mich gemalt.
Ich habe mich mit Moni angefreundet.
Sie ist immer so freundlich.

1 Was macht Moni viel Freude?

Eu le   Fr eu nde

Eu   eu

Eule	Freund	treu	euch
Beule	freundlich	scheu	euer
Feuer	anfreunden		

Ninas beste Freundin

Moni ist meine beste Freundin.
Wir freuen uns, wenn wir zusammen
Zeit verbringen können.
Heute lese ich ihr eine neue Geschichte
über Eulen vor.
Darüber freut sie sich und lacht.
Dabei leuchten ihre Augen ganz hell.
Moni weiß sehr viel über das Leben der Eulen.
Das finde ich toll.
Zusammen fliegen wir wie Eulen durch das Kinderzimmer.
Die Freundschaft mit Moni bedeutet mir sehr viel.

○ ❶ Worüber freut sich Moni?

● ❷ Warum bewundert Nina Moni?

Lieb
Auf einem
Gemäuer
saß ein   und sagte
Geheuer   nicht piep
sagte   Das Geheuer war
nicht wau   ungeheuer lieb

Jürgen Spohn

| Eule | Freund | freuen | Leute | neu |
| Euro | Freundin | Freude | heute | neun |

Lernen lernen

Weitere Könige – Umlaute und Zwielaute

👄 Das sind auch Könige:

Käse   Löwe   Hügel   Wiesel

Taube   Geige   Teufel

100 weitere Könige/Vokale – Umlaute und Zwielaute kennenlernen

Suche alle Wörter mit ä, ö und ü.
Schreibe sie auf.

Bär, Bücherwurm, Säge, König, Löffel, Löwe, Tür, Tüte

Welches Wort passt nicht?

Rad schade an sägen Zahn am

Ruder bunt über Hund und Wunder

loben toben Zöpfe Topf Hort Ort

Seil Ei Geige nein scheinen weinen kein Biene Zeit weit reiten

Leute Feuer heute Beute leise Teufel Scheune Keule Eule

Üben

Findest du alle Wörter mit au, eu und ei?
Schreibe sie auf.

Eimer, Schleife, Schwein, Stein, Eule, Baum, Mauer, Schaukel, Taube, Zaun

---

Welches Wort passt nicht?

Kürbis Möhre Träne
Käse Nüsse Äpfel
Brötchen Klöße

Löwe Bär Kröte
Äffchen Möwe Büffel
Käfer Käse Kühe

Traube Eier Weizen
Brei Pflaumenkuchen
Schraube Auflauf

Raupe Taube Geier
Meise Schwein Eule
Geister Maus Laus
Maulwurf Pfau Ameise

 Üben

👓 Mein liebes Kind,

ich schreibe dir aus meinem Urlaub einen kleinen Brief.
Ich grüße dich herzlich. Gestern bin ich mit dem Flugzeug
über das weite Meer geflogen.
Nun gönne ich mir etwas Ruhe am Strand.
Die Leute sind sehr freundlich. Heute scheint die Sonne.
Ich befürchte, dass die schöne Zeit hier allzu schnell
vorbei sein wird.
Ich freue mich schon, dich wiederzusehen.
Küsschen, Deine Oma

PS: Die Sonne hat einige Buchstaben ausgeblichen.
Ich hoffe, du kannst alles lesen!

👓 Finde fünf Wörter: Freund, Biene, Meise, Bauer, grün

O	G	R	Ü	N	G	K
B	A	U	E	R	E	P
S	M	E	I	S	E	R
O	B	I	E	N	E	G
F	R	E	U	N	D	M

103

Sp | sp

Angst vor Spinnen?

Beim Spielen sieht Nino eine kleine Spinne.
Nino springt sofort weg. Spinnen mag er nicht.
„Hast du Angst vor Spinnen?", fragt Ali.
„Ja", sagt Nino leise.
Ali muntert ihn auf:
„In Deutschland gibt es nur wenige giftige Spinnen.
Sie sind auch nur für andere Tiere giftig
und nicht für uns Menschen.
Wenn du Lust hast, komm mich heute Nachmittag
besuchen.
Ich habe ein neues Buch über Spinnen.
Darin können wir viel Interessantes über Spinnen
lesen."

① Warum springt Nino weg?

② Wie muntert Ali Nino auf?

Sp inne   sp ringen
Sp   sp

Du hörst schp. Aber du schreibst Sp oder sp.

Spinne	Spaghetti	springen	spannend
Spiegel	Spaß	spotten	spät

Spinnen

Ali findet Spinnen mit ihren acht Beinen spannend.
Nino findet Spinnen mit ihren acht Beinen gruselig.
Es gibt verschiedene Spinnenarten.
Einige spinnen Seidenfäden zu einem 🕸️.
Darin fangen sie ihre Beute.
Die Hausspinne kennt Ali besonders gut.
Sie hat eine Spannweite von bis zu acht Zentimetern.
Die Kreuzspinne erkennt Ali an ihrem Kreuz.
Sie kann sieben verschiedene Fäden spinnen.
Die Krabbenspinne tarnt sich.
Sie verändert ihre Farbe und passt sich
den Blütenfarben an.
Ali kennt noch mehr Spinnen. Du auch?

Welche Spinnen gehen auf die Jagd? Forsche nach.

○ **1** Woran erkennt Ali die Kreuzspinne?

● **2** Warum fürchten sich manche Kinder vor Spinnen?

Die Regenspinnen

In den Regenrinnen
wohnen Regenspinnen,
tanzen auf den Tropfen
und tun Socken stopfen,
denn in Regensocken
bleiben Spinnen trocken.

Georg Bydlinkski

| Spiel | Spinne | spielen | spannend |
| Sport | Spaß | sparen | |

105

tz

Eine Flitzekatze

Nina sitzt am Fenster.
Gerade hat es noch geregnet und geblitzt.
Plötzlich sieht Nina draußen ihre kleine Katze.
Das Kätzchen flitzt durch den Garten.
Dabei springt es in eine Pfütze.
Jetzt hat die Katze schmutzige Pfötchen.

Auf dem Baum sitzt ein Spatz.
Mit einem Satz springt die Katze auf den Baum.
Fort ist der Spatz.
Die kleine Katze flitzt zum Haus.
Nina lacht und öffnet ihr das Fenster.

1. Was erfährst du über die Flitzekatze?

2. Warum springt die Katze auf den Baum?

Ka tz e

tz

Katze	flitzen	schmutzig	jetzt
Spatz	sitzen	spitz	plötzlich
Pfütze	blitzen	trotzig	

Ratz batz schmatz

1. Ratz batz schmatz
   Ich bin die Schmatze-Katz.

2. Ich schmatze mit der Zunge,
   hab klitzekleine Junge,
   und sag's in einem Satz:
   Ratz batz schmatz,
   ich bin die Schmatze-Katz.

3. Ich kratze mit den Krallen,
   mag Fischsalat vor allem
   und sag's in einem Satz:
   Ratz batz schmatz,
   ich bin die Schmatze-Katz.

4. Ich fauche wie ein Fratz,
   schlaf' viel an meinem Platz
   und sag's in einem Satz:
   Ratz batz schmatz,
   ich bin die Schmatze-Katz.

5. Ich putz' mich mit den Pfoten,
   das ist doch nicht verboten,
   und sag's in einem Satz:
   Ratz batz schmatz,
   ich bin die Schmatze-Katz.

Peter Sonnenburg

- ① Wie heißt die Katze?
- ② Was macht die Katze?
- ③ Erfinde eigene Verse über die Schmatze-Katz.

Der Flugplatzspatz nahm auf dem Flugplatz Platz.
Auf dem Flugplatz nahm der Flugplatzspatz Platz.

Katze – Katzen	sitzen
Platz – Plätze	sie sitzt
Satz – Sätze	wir sitzen

Lernen lernen

Groß oder klein?

- Katze Miu
- Lehrerin Petra Fröhlich
- Buch
- Kaktus

Alle Menschen, alle Tiere, alle Pflanzen und alle Dinge haben einen Namen. Zum Namen gehört ein Begleiter:
der, die, das.
Namen schreiben wir groß.

Frau Fröhlich liebt die Katze, den Kaktus und die Bücher.

Auch Satzanfänge schreiben wir groß.

Heute ist ein schöner Tag.
Alle Kinder freuen sich.

 Üben

Ordne zu: der, die oder das ● ● ●

📝 Bilde Wortgruppen.
Schreibe so in dein Heft: der Ball

der	**B**all
	Seil
die	**S**alat
	Ei
	Nudel
das	**M**urmel

Die Ball?
Nein! Der Ball!

109

Üben

Lies die Geschichte.

Ist ein Satz zu Ende, mache eine kurze Pause zum Luftholen.

Es war einmal ein König.
Er war sehr reich und mächtig.
In seinem Land stand ein riesiges Schloss.
Der König hatte eine schöne Tochter.
Eines Tages kam ein Drache in das Land geflogen.
Er landete mitten auf dem Schlossturm.

Erzähle die Geschichte anhand der Bilder weiter.

 Üben

Ordne zu.

Menschen	Tiere	Pflanzen	Dinge
· Ritter · Kinder …	…	…	…

Ritter	**L**euchtturm	**P**fefferminze	**I**ndianer
Kinder	**D**rache	**B**lumentopf	**K**ürbis
Pflaume	**P**apiertüte	**E**ule	**G**roßvater
Biene	**T**urnbeutel	**G**rashüpfer	**L**öwenzahn

 Schreibe ab.

Ling legt zuerst ihr Tierbuch auf den Tisch.
Sie sucht sofort die Seite über die Pfeilgiftfrösche.
Ling liest nun, dass die Pfeilgiftfrösche knallige Farben
und eine giftige Haut haben.

Markiere die Wörter, die groß geschrieben sind.
Warum sind sie groß geschrieben?

ck

Steckbrief: Die Schnecke

Hier lebe ich:	auf Wiesen, in Wäldern und Gärten
So alt werde ich:	bis zu 7 Jahre
So groß werde ich:	bis zu 10 Zentimeter
So schwer bin ich:	bis zu 20 Gramm
Das fresse ich:	Pflanzen
Dort lebe ich:	unter Blättern, Steinen und Pflanzen
Dies sind meine Feinde:	Igel, Vögel und Frösche
Das kann ich gut:	mich in mein Haus zurückziehen.

○ ❶ Wo lebt die Schnecke?

○ ❷ Die Schnecke hat Feinde. Welche?

Schne ck e

      ck

die Schnecke	die Locke	schmecken
die Ecke	die Socken	lecken
die Decke	der Rock	wecken
der Fleck	der Sack	stecken

Sieben kecke Schnirkelschnecken

Sieben kecke Schnirkelschnecken
saßen einst auf einem Stecken,
machten dort auf ihrem Sitze
kecke Schnirkelschneckenwitze.
Lachten alle so:
„Ho, ho, ho, ho, ho!"

Doch vor lauter Ho-ho-Lachen,
Schnirkelschneckenwitzemachen
fielen sie von ihren Stecken:
alle sieben Schnirkelschnecken.
Liegen alle da.
Ha, ha, ha, ha, ha!

Josef Guggenmos

① Warum fallen die Schnirkelschnecken von ihrem Sitz?

② Welche Wörter stecken in dem langen Wort Schnirkelschneckenwitzemachen?

Wenn die Schnecke auf Urlaub geht

„Ich kann das Kofferschleppen nicht leiden,
ich packe nicht gern ein und aus",
sagte die kleine Schnecke bescheiden
und verreiste gleich mit dem ganzen Haus.

Christine Busta

die Hecke	backen	dick
der Rock	wecken	trocken

äu  chs

Nun wachse mal!

Warum regnet es, Oma?
Damit die Bäume wachsen.

Warum gießt du, Oma?
Damit die Sträucher wachsen.

Warum sprengst du, Oma?
Damit der Salat wächst.

Nun wachse mal
und werde groß.

Ingrid Heller

1 Warum gießt die Oma die Pflanzen?

M äu se   wa chs en

   äu   chs

| der Baum | der Strauch | der Fuchs | wachsen |
| die Bäume | die Sträucher | die Füchse | er wächst |

Bäume sind einzigartige Lebewesen

Bäume können größer und schwerer werden als Elefanten oder Wale.
Sie können viel älter werden als Menschen, Krokodile oder Schildkröten.
Bäume sind schön. Sie spenden Schatten und produzieren den Sauerstoff, den wir atmen.
Sie wachsen sehr langsam. Dabei verlassen sie ihren Standort nie.
Sie können allein stehen oder sie bilden mit unzähligen anderen einen grünen Wald.
Viele Lebewesen suchen die Nähe der Bäume.
Auch wir Menschen könnten ohne Bäume wohl kaum auf der Erde leben.

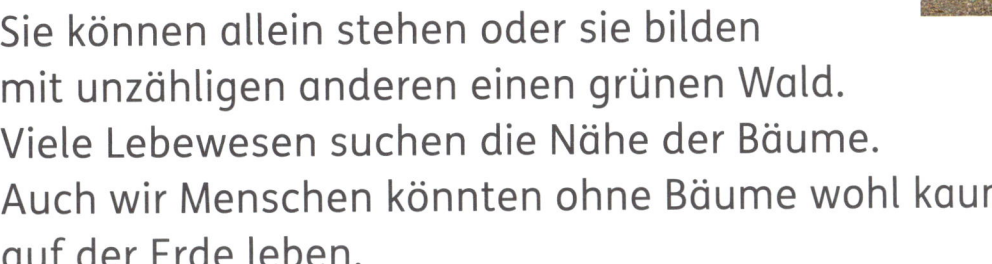

Alois Brei

○ **1** Wer kann älter und schwerer werden als manche Tiere?

● **2** Warum können Menschen ohne Bäume nicht leben?

In meinem Garten
steht ein Bäumchen,
hängen daran
viel goldene Träumchen.

| der Baum | das Haus | die Maus | laufen | sechs |
| die Bäume | die Häuser | die Mäuse | sie läuft | |

Das Ypsilon

Das Ypsilon ist der vorletzte Buchstabe im ABC.
Es hat ein kleines Geheimnis:
Manchmal wird es wie ein ü gesprochen,
manchmal wie ein i
und manchmal wie ein j.
Probiere es aus:

wie ü	wie i	wie j
Pyramide	Pony	Yoga
Gymnastik	Teddy	Yacht
Labyrinth	Hobby	Yak

1. Welches Geheimnis umgibt das Ypsilon?

2. Schreibe die Tabelle ab.

Y oga   P y ramide
Y   y

Gymnastikmatte   Teddybär   Yogaübung
Maislabyrinth   Hobbykoch   Motoryacht

Allerlei Ypsilon

Yasmin wünscht sich zum Geburtstag einen Teddy.
Ninos Hobby ist Yoga.
Tony läuft durch ein Labyrinth.
Ronny trägt einen großen Zylinder.
Baby Maya wird gebadet.
Henry treibt gern Gymnastik.
Romy füttert ein Pony.
Das Yak lebt im Himalaya.
Das Handy des Lehrers klingelt.

○ **1**   Wie viele große Y findest du im Text?

○ **2**   Wo lebt das Yak? Lies den Satz vor.

In einem Buch seh ich ein Bild
von einem Yak.
Es steht im Schnee.
Sein dickes Zottelhaar,
sein dichtes Unterfell –
die Kälte tut ihm gar nicht weh.

Georg Bydlinski

  das Baby
  die Babys

Qu qu

Quallen

Quallen leben im Wasser.
Auch ihr Körper besteht fast nur aus Wasser.
Quallen haben lange Arme. Diese heißen Tentakel.
Damit fangen die Quallen ihre Nahrung.
Quallen haben keine Ohren und keine Augen.
Aber sie haben einen Mund.
Quallen quaken nicht wie …
Quallen quietschen nicht wie …
Quallen quieken nicht wie …
Quallen schweben kreuz und quer durch das Meer.

○ **1** Wie heißen die Arme der Quallen?

◐ **2** Was können Quallen nicht?

Qu alle   qu aken
Qu   qu

das Aquarium	quaken
der Quark	quetschen
das Quiz	quietschen

Verschiedene Quallen

Es gibt verschiedene Arten von Quallen.
Der Teil des Körpers über den Quallenarmen, den Tentakeln,
wird Schirm genannt.

Die **Ohrenqualle** erkennst du
an vier Halbkreisen auf ihrem Schirm.
Sie können orange, weiß oder violett sein.
Die Ohrenqualle ist für uns nicht gefährlich.

Die **Kompassqualle** hat auf ihrem Schirm
ein Muster.
Das Muster sieht wie ein Kompass aus.
Sie ist leicht giftig für uns.

Die **Feuerqualle** ist die gefährlichste Qualle
in der Nord- und Ostsee.
Du erkennst sie an ihrer gelblichen
oder orangeroten Färbung.

○ ❶ Woran erkennst du die Ohrenqualle?

◐ ❷ Welche Qualle heißt wie das Muster auf ihrem Schirm?

Zwei quietschnasse Quabbelquallen quasselten Quatsch
und quietschten quatschig.

| quaken | sie quakt |
| quieken | sie quiekt |

119

X | x

Die kleine Hexe

Die kleine Hexe übte gerade das Regenmachen.
Sie saß auf der Bank vor dem Backofen,
hatte das Hexenbuch auf den Knien liegen und hexte.
Der Rabe Abraxas saß neben ihr
und war unzufrieden.
„Du sollst einen Regen machen", krächzte
er vorwurfsvoll, „und was hext du?
Beim ersten Mal lässt du es weiße Mäuse
regnen, beim zweiten Mal Frösche,
beim dritten Mal Tannenzapfen!
Ich bin ja gespannt, ob du wenigstens jetzt
einen richtigen Regen zustande bringst!"

Otfried Preußler

○ **1** Was macht die kleine Hexe?

○ **2** Warum ist der Rabe Abraxas unzufrieden?

X ylofon   He x e

X   x

die Axt	die Box	die Nixe	das Lexikon
das Taxi	der Boxer	der Mixer	
der Text	boxen	mixen	

Ein Buch von Otfried Preußler

Otfried Preußler erzählt in seinem Buch
von einer kleinen Hexe.
Sie wohnt zusammen mit dem Raben Abraxas
in einem kleinen, windschiefen Häuschen.

Die kleine Hexe ist erst
einhundertsiebenundzwanzig Jahre alt.
Deshalb nehmen die großen Hexen sie nicht ernst.
Die kleine Hexe will aber wenigstens
im großen Zauberbuch lesen.
Doch das darf sie nicht.
Deshalb übt sie heimlich Zaubersprüche.
Was wird sie mit den Zaubersprüchen anstellen?

○ **1** Was verbieten die großen Hexen der kleinen Hexe?

○ **2** Wer hat das Buch von der kleinen Hexe geschrieben?

Hexen-Zungenbrecher
Hexen sechs Hexen
um sechs Uhr sechs Echsen,
dann sind die sechs Echsen
sechs Hexenechsen.

Christa Zeuch

Wenn du mehr erfahren willst, lies das Buch!

| die Hexe | das Hexenhaus | hexen |
| die Hexen | das Hexenbuch | verhexen |

C wie …

| die Creme | der Comic | campen | der Cent |

① Ich trage Sonnenschutz auf, bevor ich mich in die Sonne lege.

② Wir suchen uns auf der Wiese einen herrlichen Ort und bauen unser Zelt auf.

③ Ich suche in meinem Sparschwein nach der kleinsten Münze.

④ In unserer Freizeit lesen wir gern Bildergeschichten mit Sprechblasen.

1 Wo wollen der Bücherwurm und der Grashüpfer campen?

C omputer   C ent

C   C

der Cent   die Creme   das Popcorn
                cremen   das Cabrio
                die Eiscreme

Computer

Früher war der Computer so groß wie ein Klassenzimmer.
Heute kann er in eine Hosentasche passen.
Dann kannst du ihn überall hin mitnehmen.

Das alles sind Computer:

Smartphone ▪, Tablet ☐ und Laptop 💻.

*Erkunde Internetseiten für Kinder!
Ich kenne blinde-kuh.de und helles-koepfchen.de.
Und du?*

Auf dem Computer kannst du lesen,
Filme ansehen oder Musik hören.
Du kannst mit ihm auch rechnen, malen,
fotografieren und telefonieren.
Außerdem kannst du Briefe schreiben
und sie sofort als E-Mail versenden.

Im Internet erfährst du viele interessante Sachen.
Gib eine Frage in eine Kindersuchmaschine ein!

○ ❶ Was kannst du alles mit dem Computer machen?

⊖ ❷ Wofür kannst du das Internet nutzen?

Der Cottbuser Postkutschenputzer
putzt die Cottbuser Postkutsche blitzeblank.

Volksgut

| der Computer | der Cent |
| der Computerbildschirm | die Cents |

Lernen lernen

Lesetipp 1: Über eine Lieblingsgeschichte sprechen: Die Olchis aus Schmuddelfing

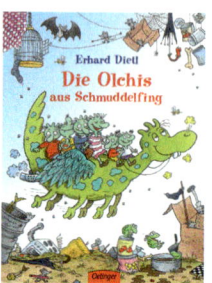

1. Auf dem Müllberg von Schmuddelfing
2. wohnen die grünen Olchis.
3. Die Olchis finden Müll ganz toll.
4. Sie waschen sich nie! Die Zähne putzen sie sich
5. natürlich auch nicht, und wenn sie gähnen,
6. stinkt es so sehr, dass die Fliegen abstürzen
7. und ohnmächtig auf die Erde fallen.
8. Auf dem Kopf haben die Olchis drei Hörner. Das sind ihre Ohren.
9. Damit hören sie Ameisen husten, Regenwürmer rülpsen
10. und Gänseblümchen wachsen.
11. Die Olchis sind zwar klein, aber sehr stark! Alle zusammen können
12. sogar einen dicken Elefanten in die Luft stemmen.
13. Am liebsten muffeln die Olchis den lieben langen Tag vor sich hin.
14. Oder sie nehmen Müllbäder und hüpfen durch Schlammpfützen.
15. Olchis mögen keine Nudeln, kein Eis und keine Pizza.
16. Und Schokolade schon gar nicht. Sie essen viel lieber Schuhsohlen,
17. Plastiktüten, Regenschirme, rostige Nägel, zerbrochene Flaschen
18. und jede Menge anderen Krempel. Mit ihren harten Zähnen
19. knacken sie sogar Stein und Eisen.

Erhard Dietl

So spricht Nino über seine Lieblingsgeschichte:
1. Meine Lieblingsgeschichte heißt „Die Olchis aus Schmuddelfing".
2. Geschrieben hat sie Erhard Dietl.
3. Die wichtigsten Figuren in der Geschichte sind die Olchis.

4. Meine Lieblingsstelle heißt:
   „Am liebsten muffeln die Olchis den lieben langen Tag vor sich hin. Oder sie nehmen Müllbäder und hüpfen durch Schlammpfützen."
   Ich finde die Wörter „muffeln", „Müllbäder" und „Schlammpfützen" so witzig.
5. Ich habe die Geschichte zusammen mit Nina gelesen.
6. Mir hat die Geschichte gefallen, weil sie so lustig ist.

So kannst du über deine Lieblingsgeschichte sprechen

1. Wie heißt deine Lieblingsgeschichte?
   Meine Lieblingsgeschichte heißt …

2. Wer hat deine Lieblingsgeschichte geschrieben?
   Meine Lieblingsgeschichte wurde von … geschrieben.

3. Wer ist die wichtigste Figur in deiner Geschichte?
   Die wichtigste Figur in meiner Geschichte ist …

   In manchen Geschichten gibt es mehrere wichtige Figuren.

4. Hast du eine Lieblingsstelle? Begründe.
   Meine Lieblingsstelle ist …

5. Wie hast du die Geschichte kennengelernt?
   • Ich habe die Geschichte gehört.
   • Ich habe die Geschichte selbst gelesen.
   • Ich habe die Geschichte gemeinsam mit … gelesen.

6. Warum hat dir die Geschichte gefallen?
   Mir hat die Geschichte gefallen, weil …

Lernen lernen

Lesetipp 2: Betont lesen

Was Personen in einer Geschichte sagen, solltest du gut betont vorlesen.

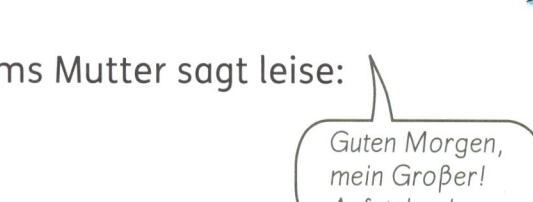

- 1. Lies immer mit einer anderen Betonung.

Tims Mutter sagt leise:

> Guten Morgen, mein Großer! Aufstehen!

Tims Mutter sagt aufgeregt:

> Guten Morgen, mein Großer! Schnell! Aufstehen!

Tims Mutter sagt streng:

> Nun aber los, Tim!

Tims Mutter sagt ganz lieb:

> Allein aufgestanden? Guten Morgen, mein Großer!

- 2. Lies mit unterschiedlicher Betonung.

> Ich bin aber noch sehr müde!

Lernen lernen

3. Lies mit Betonung. Die Satzbögen helfen dir dabei.

Die Mutter fragt: „Bist du müde?"

Die Mutter ruft: „Steh jetzt auf!"

Tim sagt: „Ich bin noch sehr müde."

Tim jammert: „Ich wollte gern noch im Bett bleiben."

Die Mutter lacht: „Nix da, raus aus dem Bett!"

4. Lies den Satz mit unterschiedlichen Betonungen.

Achte auf die Satzbögen.

„Du hast Sauerkrautlocken."

„Du hast Sauerkrautlocken?"

„Du hast Sauerkrautlocken!"

Lernen lernen

Lesetipp 3: Mit dem Lesepfeil lesen

Der Lesepfeil kann dir helfen,
in der Zeile zu bleiben.
Du kannst den Lesepfeil Wort für Wort anlegen.
Du kannst den Lesepfeil auch unter
die Zeile legen.
Probiere es gleich aus!

Die kleine Spinne Widerlich

„Mama?" |, fragt | die | kleine | Spinne.
„Warum haben die Menschen Angst vor uns?"
„Wie kommst du darauf?", fragt Mama überrascht.
„Na ja, als heute Menschen an meinem Netz vorbeikamen,
haben sie laut „IIIIlhhhhh, widerlich!!!!!" geschrien
und sind weggerannt",
antwortet die kleine Spinne enttäuscht.

„Weißt du, mein Schatz", sagt Mama mitfühlend,
„manche Fragen sind nicht so leicht zu beantworten.
Aber eine schlaue Spinne stellt sich viele Fragen
und bildet sich dann ihre eigene Meinung."

Diana Amft

Wenn du mehr erfahren willst, lies das Buch.

Jahreskreis

Das Jahr wird zwölf Monate alt

1. Im Januar fällt Schnee.
2. Auf deine Nasenspitze und den See.
3. Im Februar besuchen uns die Raben.
4. Gut, dass wir Körner für sie haben.
5. Im März sieht man erste grüne Streifen.
6. Wir versuchen, nach der Sonne zu greifen.
7. Im April, da hagelt's, man glaubt es kaum.
8. Das Wetter macht einen Purzelbaum.
9. Im Mai zwitschert alles um die Wette.
10. Ich schenke dir eine Blumenkette.
11. Im Juni gehen wir spazieren.
12. Wir wollen ein paar Kilo verlieren.
13. Im Juli fahren wir in ein anderes Land.
14. Wir holen uns einen Sonnenbrand.
15. Im August wird's brennend heiß.
16. Wir essen schon zum Frühstück Eis.
17. Im September ist das Wetter mild.
18. Die Sonne malt ein gelbes Bild.
19. Im Oktober werden die Blätter braun.
20. Wir werden eine Hütte baun.
21. Im November ziehen Wolken am Himmel.
22. Dort fliegt ein eleganter Schimmel.
23. Im Dezember schmücken wir einen Baum.
24. Wir träumen den großen Frühlingstraum.

Heinz Janisch

○ ❶ Welche Monate sind im Gedicht versteckt?

● ❷ Wähle einen Monat aus. Male zu ihm ein Bild mit den genannten Dingen aus dem Gedicht.

Der Regenbogen

1 Ein Regenbogen,
2 komm und schau!
3 Rot und orange,
4 gelb, grün und blau!

5 So herrliche Farben
6 kann keiner bezahlen,
7 sie über den halben
8 Himmel zu malen.

9 Ihn malte die Sonne
10 mit goldener Hand
11 auf eine wandernde
12 Regenwand.

Josef Guggenmos

① Wer „malt" den Regenbogen an den Himmel?

② Vergleiche das Gedicht mit dem Bild. Was fällt dir auf?

③ Übe das Gedicht betont zu lesen. S. 126/127

④ Lerne das Gedicht auswendig.

Apfellied

1. In einem kleinen Apfel,
2. da sieht es lustig aus;
3. es sind darin fünf Stübchen,
4. grad wie in einem Haus.

5. In jedem Stübchen wohnen
6. zwei Kernchen, braun und klein;
7. die liegen drin und träumen
8. vom lieben Sonnenschein.

9. Sie träumen auch noch weiter
10. gar einen schönen Traum,
11. wenn sie einst werden hängen
12. am lieben Weihnachtsbaum.

unbekannter Verfasser

Das ist ein Spruch.

1. Bäumchen, Bäumchen, wir bitten dich sehr,
2. gib uns deine Äpfelchen her!
3. Und willst du dich nicht schütteln,
4. so werden wir dich rütteln!

unbekannter Verfasser

① Wer sind die Bewohner des kleinen Apfels?

② Wovon träumen die Bewohner des kleinen Apfels?

③ Passt der Spruch zum Gedicht? Sprecht darüber.

Herbsträtsel

1 Ein Igel saß auf einem Blatt,
2 das wie die Hand fünf Finger hat,
3 auf einem Baum.
4 Du glaubst es kaum.

5 Der grüne Igel, stachelspitz,
6 fiel auf den Kopf, dem kleinen Fritz,
7 von seiner Mütze
8 in die Pfütze.

9 Da war es mit dem Igel aus.
10 Er platzte, und was sprang heraus
11 mit einem Hops?
12 Ein brauner Mops.

Hermann Siegmann

1 Welche Wörter haben dir die Lösung des Herbsträtsels verraten?

2 Wer ist der „braune Mops"?

Kastanienigel

Du brauchst zum Basteln Kastanien, Zahnstocher, einen kleinen Handbohrer.

Bohre zwei Löcher für die Augen und eins für das Schnäuzchen.

Stecke in das Loch für das Schnäuzchen ein Stück Zahnstocher als Nase.

Bohre einige Löcher für die Stacheln.

Stecke halbe Zahnstocher mit der Spitze nach oben in die Löcher.
Fertig ist der Kastanienigel.

unbekannter Verfasser

Im Garten

1. Anton ist im Garten.
2. Nuff, nuff, nuff!
3. „Mutti, Mutti, Igel!",
4. ruft Anton.
5. Mutti legt  ins Gras.
6. „Igel fressen ", sagt Mutti.
7. Igel fressen gern
8. Birnen
9.  Schnecken
10.  Mäuse
11.  Insekten
12.  Käfer
13.  Maden.

Was trinken Igel? Forscht nach.

○ ❶ Wer ist im Garten?

○ ❷ Was fressen Igel?

1. Wenn sich die Igel küssen,
2. dann müssen, müssen, müssen
3. sie ganz fein
4. behutsam sein.

Johannes Kuhnen

● ❸ Warum müssen Igel beim Küssen behutsam sein?

Der Hase und der Igel

Igel: Guten Morgen, Herr Hase!
Hase: Wie kommt es, dass du mit deinen krummen Beinen so früh am Morgen im Feld herumläufst?
Igel: Meinst du, dass du mit deinen Beinen mehr ausrichten kannst?
Hase: Das denke ich wohl!
Igel: Das kommt auf einen Versuch an. Lass uns um die Wette laufen!

Hase: Das ist zum Lachen! Aber meinetwegen. Was gilt die Wette?
Igel: Einen goldenen Taler und eine Flasche Branntwein.
Hase: Angenommen, schlag ein und es kann gleich losgehen.
Igel: Nein, erst will ich nach Hause gehen und frühstücken.

Igel: Frau, du musst mit mir ins Feld gehen. Ich will mit dem Hasen um die Wette laufen.
Igelin: O Mann, hast du den Verstand verloren?
Igel: Sei nur still und komm mit.

Igel: Nun pass auf, was ich dir sage. Der Hase läuft in der einen Furche und ich in der anderen. Du duckst dich hier unten in die Furche, und wenn der Hase ankommt, rufst du ihm entgegen: Ich bin schon da!

Hase: Kann es losgehen?
Igel: Jawohl, es kann losgehen.
Hase: Eins, zwei, drei!

Igelin: Ich bin schon da!
Hase: Das geht nicht mit rechten Dingen zu. Noch einmal gelaufen!

Igel: Ich bin schon da!
Hase: Noch einmal gelaufen!
Igel: Meinetwegen so oft du willst.

Igelin: Ich bin schon da!
Hase: Noch einmal gelaufen, wieder zurück!

So lief der Hase dreiundsiebzig Mal, und immer rief der Igel oder seine Frau: „Ich bin schon da!" Beim vierundsiebzigsten Mal aber stürzte der Hase mitten auf dem Acker zu Boden.

Der Igel aber nahm das Geld und den Branntwein, rief seine Frau aus der Furche, und beide gingen vergnügt nach Hause. Und wenn sie nicht gestorben sind, dann leben sie noch heute.

nach einem Märchen der Brüder Grimm

① Betrachte die Bilder. Wer begegnet sich?

② Wie überlistet der Igel den Hasen?

Wenn der frische Herbstwind weht

1 Wenn der frische Herbstwind weht,
2 geh ich auf die Felder.
3 Schicke meinen Drachen hoch
4 über alle Wälder.

5 Und er wackelt mit dem Ohr,
6 wackelt mit dem Schwänzchen.
7 Und er tanzt den Wolken vor
8 hui! ein lustig Tänzchen.

Albert Sixtus

① Wann tanzt der Drachen den Wolken ein Tänzchen vor?

② Wohin geht das Kind mit seinem Drachen?

Oktoberrätsel

1 Halt mich fest am Seil, mein Kind,
2 denn dann steige ich im Wind.
3 Steige hoch, so hoch hinaus!
4 Lass nicht los!
5 Sonst ist es aus.

Der Drachen

Rolf Krenzer

③ Male ein Bild zum Oktoberrätsel.

Drachensteigen

1. Wenn der Herbst die Blätter golden färbt,
2. treffen sich die Kinder auf den Wiesen.
3. „Wir lassen Drachen steigen!", rufen sie.
4. „Diesmal habe ich auch einen Drachen", sagt der kleine Jörg.
5. „Na ja", meinen die anderen.
6. Und dann gibt es eine Überraschung:
7. Jörgs Drachen steigt höher als alle anderen!
8. „Hurra!", schreit Jörg.
9. „Mein Drachen ist der König!"
10. Als es dämmrig wird, sind die Kinder müde.
11. „Wir wollen nach Hause gehen", sagen sie
12. und sie wickeln die Drachenschnur auf.
13. Aber Jörg steht mit leeren Händen da.
14. „Wo ist dein Drachen?",
15. wollen die anderen wissen.
16. „Ich habe ihn freigelassen", sagt Jörg.
17. „Er wollte hinauf zum Abendstern."
18. „Du bist dumm",
19. lachen die Kinder
20. und sie laufen nach Hause.
21. Der kleine Jörg aber steckt
22. die Hände in die Hosentaschen
23. und geht fröhlich heim.

Gina Ruck-Pauquèt

① Welche Überraschung gibt es?

② Warum sagen die Kinder zu Jörg: „Du bist dumm"?

③ Wie könnte die Geschichte weitergehen?
Sprecht darüber.

④ Lest die Geschichte mit verteilten Rollen. S. 126/127

Überraschung

1. Eine Flocke
2. und wieder
3. eine Flocke
4. und wieder
5. eine Flocke
6. und schon wieder
7. eine Flocke
8. und schon wieder
9. eine Flocke
10. und noch eine
11. und noch eine
12. und noch eine
13. und noch eine …
14. Oje, oje.
15. Schnee!

Gottfried Herold

1 Was passiert im Gedicht „Überraschung"?

Schneemann Dicki Hinkebein

1. Schneemann Dicki Hinkebein,
2. der liebt keinen Sonnenschein,
3. der hat lieber Eis und Schnee,
4. der friert nie an einem Zeh.

Alfred Könner

2 Warum liebt Dicki Hinkebein Eis und Schnee?

Er war da

1. Roter Mantel,
2. der Bart lang und weiß,
3. kommt er gegangen
4. ganz heimlich und leis.
5. Ein Rascheln,
6. ein Wispern,
7. ein Tuscheln,
8. ein Knistern,
9. tief in der Nacht

10. Nikolaus hat
11. an uns alle
12. gedacht.

Elke Bräunling

○ ❶ An wen denkt der Nikolaus?

◐ ❷ Was hören die Kinder?

Zum neuen Jahr

1. Die Uhr tut einen kleinen Schritt.
2. Und alle laufen mutig mit
3. ins neue Jahr hinein.

4. Das neue Jahr bringt neue Zeit.
5. Wir grüßen es mit Fröhlichkeit
6. und Lärm und Lichterschein.

7. Wir danken für das alte Jahr.
8. und alles, was da Gutes war,
9. soll nicht vergessen sein.

Ursula Wölfel

◐ ❸ Welche Zeilen aus beiden Gedichten passen zu den Bildern?

Bötzkestraße 17

1 Papa brüllte abends durch das ganze Haus.
2 „Los, kommt alle schnell her! Beeilung!"
3 Mama, Ida und ich rannten ins Wohnzimmer.
4 „Was ist los?", fragte ich.
5 Papa deutete auf den Fernseher.

6 Gerade blickte der Nachrichtensprecher mit ernster Miene
7 in die Kamera und sagte:

8 „Es ist bisher noch niemals
9 vorgekommen, aber offenbar
10 hat sich der Weihnachtsmann
11 so stark erkältet, dass er zurzeit
12 mit Fieber im Bett liegt.
13 Ob er rechtzeitig vor Weihnachten
14 wieder gesund wird, ist unklar.
15 Für viele Weihnachtsgeschenke
16 wird daher mit einer starken Verspätung gerechnet ...
17 Und nun die Wettervorhersage."
18 Ida und ich starrten auf den Bildschirm.
19 Mama stöhnte.
20 Und Papa sagte: „Na bitte!"
21 „Dann müssen wir dem Weihnachtsmann eben
22 Hustensaft schicken!",
23 bestimmte meine kleine Schwester,
24 die niemals aufgibt.

25 „Und Kopfschmerztabletten.
26 Und Taschentücher.
27 Und einen dicken Schal.
28 Und …"
29 „Schatz, der Weihnachtsmann
30 wohnt sehr weit weg,
31 am Nordpol", sagte Papa.
32 „Egal", sagte Ida.
33 „Wir schreiben ihm einfach
34 einen Brief und erklären ihm,
35 was er machen muss,
36 damit er ganz schnell wieder gesund wird."

Salah Naoura

○ ❶ Was erzählt der Nachrichtensprecher?

◒ ❷ Wer ist Ida?

◒ ❸ Was schlägt Ida vor?

◒ ❹ Wie könnte die Geschichte weitergehen?
Sprecht darüber.

Die Geschichte von der Schlittenfahrt

„Bitte nimm mich mit", sagt Häschen. „Der Weg ist so weit."

„Mich auch. Der Schnee ist so tief."

„Mich auch. Der Hunger ist so groß."

„Mich auch. Der Winter ist so kalt."

„Halt! Endstation! Alles aussteigen!"

„Danke, lieber Schneemann!"

nach Hanne Türk

- ❶ Betrachte die Bilder.
- ❷ Erzähle die Geschichte.

Schneeglöckchen

1 Und aus der Erde schauet nur
2 Alleine noch Schneeglöckchen;
3 So kalt ist noch die Flur,
4 Es friert im weißen Röckchen.

Theodor Storm

1 Wie ergeht es dem Schneeglöckchen im Gedicht?

Steckbrief: Das Schneeglöckchen

Blätter	zwei graugrüne schmale Blätter, laufen nach oben spitz zu
Blüte	hängende Blüte mit drei äußeren und drei inneren Blütenblättern, an den Spitzen der inneren Blätter sind kleine grüne Flecken
Blütezeit	Januar bis Februar
Standort	in Wäldern und Gärten
Besonderheiten	wächst aus einer Zwiebel, steht unter Naturschutz, ist giftig

2 Wie sieht die Blüte des Schneeglöckchens aus?

3 Warum darfst du Schneeglöckchen nicht anfassen?

4 Male ein Schneeglöckchen.

Überraschung

An Ostern sieht man Osterhasen
meist mit hohem Tempo rasen.

Paul Maar

Warum die Hühner traurig schauen

1. Warum die Hühner traurig schauen?
2. Weil Hasen ihre Eier klauen,
3. und dann alle Eierschalen
4. rot und gelb und blau bemalen.
5. Die Eier landen dann zum Fest
6. rot, gelb und blau im Osternest.

Paul Maar

○ **1** Warum schauen die Hühner traurig?

Unterm Baum im grünen Gras

1. Unterm Baum im grünen Gras
2. sitzt ein kleiner Osterhas'.
3. Putzt den Bart und spitzt das Ohr,
4. macht ein Männchen, guckt hervor.
5. Springt dann fort mit einem Satz,
6. und ein kleiner frecher Spatz
7. schaut jetzt nach, was denn dort sei.
8. Und was ist's? Ein Osterei!

Volksgut

○ **2** Wer sitzt im grünen Gras? Male.

○ **3** Wer hat das Ei entdeckt?

Osterlied

1 Has, Has, Osterhas,
2 wir möchten nicht mehr warten.
3 Der Krokus und das Tausendschön,
4 Vergissmeinnicht und Tulpen stehn
5 schon lang in unserm Garten.

6 Has, Has, Osterhas,
7 mit deinen bunten Eiern!
8 Der Star lugt aus dem Kasten raus.
9 Blühkätzchen sitzen um sein Haus.
10 Wann kommst du Frühling feiern?

11 Has, Has, Osterhas,
12 ich wünsche mir das Beste:
13 ein großes Ei, ein kleines Ei,
14 dazu ein lustiges Dideldumdei.
15 Und alles in dem Neste.

Paula Dehmel

1 Was kündigt im Gedicht den Frühling an?
Sucht die Textstellen und lest sie euch vor.

2 Worum wird der Hase gebeten?

3 Wie heißen „Blühkätzchen" noch? Forsche nach.

145

Das Küken und das junge Entlein

Ein Entenjunges
kroch aus einem Ei.

„Ich hab' mich durchgepickt." „Ich auch."
„Ich geh' spazieren." „Ich auch."
„Ich buddele ein bisschen." „Ich auch."
„Ich hab' einen Wurm geschnappt." „Ich auch."
„Einen Schmetterling hab' ich gehascht." „Ich auch."
„Ich will nun baden." „Ich auch."
„Ich kann schwimmen." „Ich auch."
„Hilfe! …"

Das Entenjunge zog das Küken aus dem Wasser.

„Ich geh' noch mal baden." „Aber ich – nicht."

Wladimir Sutejew

○ ❶ Wer spricht miteinander?

◐ ❷ Warum antwortet das Küken immer „Ich auch"?

◐ ❸ Was geschieht dem Küken?

◐ ❹ Lest den Text mit verteilten Rollen? S. 126/127

Der Spatz

1. Der Spatz hält sich gern in der Nähe der Menschen auf.
2. Er bleibt auch im Winter bei uns
3. und fliegt nicht in wärmere Länder.
4. Der Spatz frisst fast alles: Körner, Würmer,
5. Insekten, Samen und auch Abfälle.
6. Im Frühjahr baut der Spatz sein Nest.
7. Dafür verwendet er Halme, Moos, Haare,
8. Watte, Wolle oder ähnliches Material.
9. Die Federn des Spatzes sind bräunlich.
10. Beim Männchen sind die Federn
11. an der Kehle schwarz.
12. Sein Ruf ist ein lautes Tschilpen: Tschiep, tschiep!
13. Der Spatz wird auch Sperling genannt.

nach Gisela Everling

- **1** Welchen einheimischen Vogel lernst du hier kennen?
- **2** Was macht der Vogel im Frühling?
- **3** Wie wird der Spatz noch genannt?
- **4** Welcher der abgebildeten Vögel ist ein Spatz? Kennst du die anderen Vögel?

1 Kohlmeise 2 Sperling 3 Amsel 4 Buntspecht

Aus einer Raupe wird ein Schmetterling

1. Das ist eine kleine Raupe. Sie muss viel fressen.

2. Eines Tages verpuppt sich die Raupe.

3. Aus der Puppe schlüpft ein Schmetterling oder ein Falter.

4. Der Schmetterling legt viele kleine Eier an der Unterseite eines Blattes ab.

5. Aus den Eiern entstehen wieder Raupen, und alles beginnt von vorn.

Kleiner Fuchs

- ❶ Was siehst du auf den Fotos?
- ❷ Wie wird aus einer Raupe ein Schmetterling?
- ❸ Wie heißt der Schmetterling auf dem dritten Foto?

Einen Schmetterling basteln

Du brauchst:

- buntes Papier
- einen kleinen Teller oder einen Becher
- Bleistift
- Schere
- Klebstoff
- Klebestreifen

Schön sind gleich mehrere Schmetterlinge in unterschiedlichen Farben!

 1. Lege den Teller auf das Papier. Umkreise ihn mit dem Bleistift. Fertige so zwei Papierkreise an.	 2. Schneide die Papierkreise aus.
 3. Falte die Papierkreise wie eine Ziehharmonika.	 4. Knicke die zusammengefalteten Kreise in der Mitte. Umwickle die schmalste Stelle mit einem Klebestreifen.
 5. Ziehe die zusammengefalteten Schmetterlingsflügel auseinander, so dass sie ihre Form erhalten.	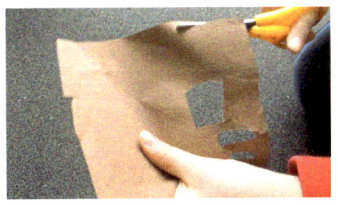 6. Schneide einen Schmetterlingskörper und Fühler aus und klebe die Einzelteile aneinander.

nach Kirsten W. Ziegler

Schnuddel pflanzt

1 „Ich nehme einen
2 Sonnenblumenkern",
3 sagte Mister Bockelmann,
4 „pflanze ihn in die Erde
5 und begieße ihn mit Wasser.
6 Und was wird daraus?"
7 „Ein Dings", rief Schnuddel,
8 „weiß schon:
9 ein Dingsbums ..."
10 „Richtig", sagte
11 Mister Bockelmann,
12 „haargenau richtig."
13 Da nahm Schnuddel
14 die Schaufel,
15 grub ein kleines Loch in die Erde,
16 pflanzte eine Kanarienvogelfeder hinein,
17 begoss sie mit Wasser und sagte:
18 „Kanarienvogelfederbaum".
19 Dann nahm er einen Gummibären,
20 grub mit der Schaufel ein kleines Loch
21 in die Erde begoss alles mit Wasser
22 und sagte: „Gummibärenbaum".

Janosch

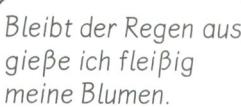

Bleibt der Regen aus, gieße ich fleißig meine Blumen.

○ ❶ Schnuddel pflanzt. Was soll wachsen?

● ❷ Was denkst du über Schnuddels Arbeit?

● ❸ Hilf Schnuddel. Male ihm seine Bäume.

● ❹ Übt, den Text betont zu lesen. S. 126/127

Der Garten auf dem Fensterbrett

Wenn du einen Garten auf dem Fensterbrett haben möchtest, dann brauchst du:
- einen oder mehrere Blumentöpfe
- Blumenerde
- Blumensamen, zum Beispiel Kressesamen oder Sonnenblumenkerne
- eine Gießkanne.

1. Gib die Blumenerde in die Blumentöpfe, bis sie fast gefüllt sind.

2. Streue den Samen auf die Erde.

3. Bedecke den Samen mit etwas Erde und drücke die Erde leicht an.

4. Stelle die Töpfe auf das Fensterbrett und achte darauf, dass die Erde immer feucht ist.

Bald wachsen kleine Pflänzchen in den Töpfen heran.
Pflanze die kräftigsten von ihnen in einen großen Topf oder Balkonkasten.
Bald blüht es in bunter Farbenpracht.

- ❶ Was brauchst du für einen Garten auf dem Fensterbrett?
- ❷ Wie sät ihr Samen aus? Sprecht darüber.

Möhrentassenkuchen

Du brauchst:
1 Tasse Öl
1 Tasse Zucker
2 Tassen Mehl
1 Päckchen Backpulver
1 Prise Salz
1 Teelöffel Zimt
1 Tasse Naturjoghurt
3 Tassen geraspelte Möhren
1 Tasse gehackte Walnüsse

Lass dir von einem Erwachsenen helfen!

Und so wird der Möhrentassenkuchen zubereitet:

1. die Zutaten in eine Schüssel geben und durchrühren

2. den Teig in eine gefettete Form geben

3. im vorgeheizten Backofen mit Umluft bei 180 Grad 55 Minuten backen

4. nach dem Abkühlen mit Puderzucker bestreuen

○ ❶ Beschreibe, wie du den Möhrentassenkuchen zubereitest.

● ❷ Probiert das Rezept aus.

Sommer

1 Die Tage tragen Badehosen
2 und die Minuten spielen Ball
3 Libellen üben Sturzflug
4 auf zwei Wasserrosen
5 und irgendwo im Blau
6 fliegt einer Überschall.

Edith Schreiber-Wicke

1 Wie wird im Gedicht vom Sommer erzählt?

Fernreise im Stadtbad

1 Mein Schwimmtier ist ein Krokodil.
2 Das Badebecken ist der Nil.

3 Die Badegäste sind Piraten,
4 die in der Wüstensonne braten.

5 Mein Krokodil durchpflügt den Nil,
6 und ich genieß den wilden Ritt.

7 Und jede Welle bringt ein Glitzern
8 aus der fernsten Ferne mit.

Georg Bydlinski

2 Wohin geht die Fernreise?

Letzter Schultag

1 Die Sonne lacht draußen.
2 Drinnen im Klassenraum
3 ist es sehr warm.
4 Hans tut die Hand weh.
5 Lilo kann nicht mehr sitzen.
6 Juttas Kopf wird immer schwerer.
7 Arne denkt: Die Sonne hat es gut.
8 Die hat Ferien.
9 Ferien, hurra, endlich Ferien!
10 Auch Frau Fritz freut sich.
11 Abends sieht Arne lange fern.
12 Morgens, wenn er aufsteht,
13 lacht die Sonne ihn aus.
14 So spät ist es schon.
15 Am Tage badet Arne.
16 Er spielt.
17 Er träumt.
18 Und eines Tages
19 träumt er davon,
20 dass die Schule
21 wieder beginnt.

Peter Abraham

○ ❶ Was geschieht
am letzten Schultag?

● ❷ Wovon träumt Arne eines Tages?
Kannst du dir denken, warum?

Sommerzeit – Ferienzeit

1 Sommerzeit – Ferienzeit.
2 Da weiß doch jeder gleich Bescheid.
3 Du kannst faul im Bett noch bleiben.
4 Keiner kann dich hier vertreiben.
5 Spielen, lachen,
6 Unsinn machen.
7 Du kannst schlafen, du kannst dösen
8 oder Bilderbücher lesen.
9 Jetzt hast du für alles Zeit.
10 Sommerzeit – Ferienzeit.
11 Da weiß doch jeder gleich Bescheid.
12 Du kannst faul im Schatten liegen,
13 träumen, mit den Wolken fliegen,
14 hinter Hecken
15 dich verstecken,
16 du kannst wandern, schwimmen, baden
17 und durch kleine Bäche waten.
18 Jetzt hast du für alles Zeit.

Rolf Krenzer

○ ❶ Was machen die Kinder in der Sommerzeit?
Schau auf die Bilder und lies im Text nach.

● ❷ Was gefällt dir in der Sommerzeit am besten?

155

Inhalt

Die Kinder der Bücherwurm-Klasse		4/5
Üben Bei uns der Stadt		6/7
Üben Unsere Schule		8/9
M m	M m	10
Lernen lernen Silben schwingen		11
Mama / Jochen Missfeldt: Bipfel, napfel, schnapfel	A a 👑	12/13
Üben So ein Verkehr		14/15
Oma / Mathias Jeschke: Mein ungezogener Opa	O o 👑, und	16/17
Imo und Momo / Marga Arndt, Waltraut Singer: Stacheln hab ich wie ein Igel	I i	18/19
Nina und Nino / Bettina Rinderle: Nina nagt an trocknen Nudeln	N n, ruft	20/21
Lernen lernen Mit der Lautabelle schreiben und lesen		22
Üben		23–25
Üben Bei uns in der Klasse		26/27
Lama! Lama! / Lirum, larum, Löffelstiel	L l	28/29
Alle malen / Ene, mene, miste	E e 👑	30/31
Toll! / Georg Bydlinski: Das Krötenlied	T t, ist	32/33
Am See / Sonne, See und Esel / Moni Port: Elsas Esel isst Sesammus	S s, sind	34/35
Uma und Ali / Und nun, Uma? / Frank Smilgies: Wer geht im Paket auf Reisen?	U u 👑	36/37
Lernen lernen Könige		38
Üben		39–41
Gans Olga / Salat alle Tage / Georg Bydlinski: Guten Tag	G g	42/43
Holen alle Matten? / So, nun los! / Paul Maar: Selten sieht man Hennen rasen	H h	44/45
Üben Alles Familie		46/47
Gute Fee! / Ninos Unfall / James Krüss: Längenunterschied	F f	48/49
Rate mal! / Alle raten mit / Horst Klein: Eine leckere Weintraube	R r	50/51
Dora und Fiffi / Tilo und Fiffi / Heinz Janisch: Von Giraffen und Affen	D d	52/53
Nino teilt gern / Teilt Nina? / Frantz Wittkamp: Komm, wir teilen brüderlich	Ei ei 👑	54/55
Lernen lernen Wörter betont lesen		56
Üben		57–59
Was tust du …? / Allerlei Wetter / Unbekannter Verfasser: Zeitvertreib	W w	60/61
Ein Sonntag / Das Fernsehprogramm / Volksgut: Auf den sieben Robbenklippen	P p	62/63
In der Nacht / Futtersuche / Peter Härtling: Ein Pudel spricht zur Nudel	ch	64/65
Ninos Traum / Autos / Marga Arndt, Waltraut Singer: Was ist es?	Au au 👑	66/67
Das Klassenfest / Kannst du es erraten? / Unbekannter Verfasser: Klaus Knopf	K k	68/69
Bananenmilch / Eis, Brot, Butter und Bananen / Ungekannter Verfasser: Bürsten mit schwarzen Borsten	B b	70/71
O weh, Klara! / Klara fehlt / DANKE	nk	72/73
Lernen lernen Gleiche Teile im Wort erkennen		74
Üben		75–77
Verloren und vergessen / Vertrauen / Bettina Rinderle: Violetta Vogelsang	V v	78/79
Singen mit meinem Vater / Angeln mit meinem Vater / Unbekannter Verfasser: Was sind das für Sachen?	ng	80/81
Paul haut Tim / Das wollen Nina und Nino nicht / Das finden Nina und Nino gut / Unbekannter Verfasser: Weißt du was?	ß	82/83
Gute und schlechte Tage / Ich mag / Max Kruse: Fischwunder	Sch sch	84/85
Ein besonderer Tag / Klaras Geburtstag / Unbekannter Verfasser: Junge jodelnde Jodlerjungen	J j	86/87
Auf nach Stralsund / Ein besonderer Stein / Walter Petri: ?	St st	88/89
Mein Opa als Zahnarzt / Beim Zahnarzt / Unbekannter Verfasser: Zweiundzwanzig zierliche Zwerge	Z z	90/91
Krimi / Märchenbücher – ratet mit! / Wolfgang Bächler: Märchen	Ä ä 👑, Ö ö 👑, Ü ü 👑	92/93

156

Tiere machen Musik / Josef Guggenmos: Wenn Riesen niesen / Christian Morgenstern: Das Wiesel	ie 👑	94/95
Die besondere Wasserpflanze / Besondere Pflanzen / Annette Huber, Nina Kuhn: Regen, Regen, Tropf, Tropf, Tropf	Pf pf	96/97
Moni / Ninas beste Freundin / Jürgen Spohn: Lieb	Eu eu 👑	98/99
Lernen lernen Weitere Könige – Umlaute und Zwielaute		100
Üben		101–103
Angst vor Spinnen? / Spinnen / Georg Bydlinski: Die Regenspinnen	Sp sp	104/105
Eine Flitzekatze / Peter Sonnenburg: Ratz batz schmatz / Unbekannter Verfasser: Der Flugplatzspatz	tz	106/107
Lernen lernen Groß oder klein?		108
Üben		109–111
Unbekannter Verfasser: Steckbrief: Die Schnecke / Josef Guggenmos: Sieben kecke Schnirkelschnecken / Christine Busta: Wenn die Schnecke auf Urlaub geht	ck	112/113
Ingrid Heller: Nun wachse mal! / Alois Brei: Bäume sind einzigartige Lebewesen / Unbekannter Verfasser: In meinem Garten	äu / 👑 chs	114/115
Das Ypsilon / Allerlei Ypsilon / Georg Bydlinski: In einem Buch seh ich ein Bild	Y y	116/117
Quallen / Verschiedene Quallen / Unbekannter Verfasser: Zwei quietschnasse Quabbelquallen	Qu qu	118/119
Otfried Preußler: Die kleine Hexe / Ein Buch von Otfried Preußler / Christa Zeuch: Hexen-Zungenbrecher	X x	120/121
C wie … / Computer / Volksgut: Der Cottbuser Postkutschenputzer	C c	122/123
Lernen lernen Lesetipp 1: Über eine Lieblingsgeschichte sprechen / Erhard Dietl: Die Olchis aus Schmuddelfing		124/125
Lernen lernen Lesetipp 2: Betont lesen		126/127
Lernen lernen Lesetipp 3: Mit dem Lesepfeil lesen / Diana Amft: Die kleine Spinne Widerlich		128

Jahreskreis	129–155
Heinz Janisch: Das Jahr wird zwölf Monate alt	129
Josef Guggenmos: Der Regenbogen	130
Unbekannter Verfasser: Apfellied	131
Unbekannter Verfasser: Bäumchen, Bäumchen	131
Hermann Siegmann: Herbsträtsel	132
Unbekannter Verfasser: Kastanienigel	132
Im Garten	133
Johannes Kuhnen: Wenn sich Igel küssen	133
Brüder Grimm: Der Hase und der Igel	134/135
Albert Sixtus: Wenn der frische Herbstwind weht	136
Rolf Krenzer: Oktoberrätsel	136
Gina Ruck-Pauquèt: Drachensteigen	137
Gottfried Herold: Überraschung	138
Alfred Könner: Schneemann Dicki Hinkebein	138
Elke Bräunling: Er war da	139
Ursula Wölfel: Zum neuen Jahr	139
Salah Naoura: Bötzkestraße 17	140/141
nach Hanne Türk: Die Geschichte von der Schlittenfahrt	142
Theodor Storm: Schneeglöckchen	143
Steckbrief: Das Schneeglöckchen	143
Paul Maar: Überraschung / Warum die Hühner traurig schauen	144
Volksgut: Unterm Baum im grünen Gras	144
Paula Dehmel: Osterlied	145
Wladimir Sutejew: Das Küken und das junge Entlein	146
nach Gisela Everling: Der Spatz	147
Aus einer Raupe wird ein Schmetterling	148
nach Kirsten W. Ziegler: Einen Schmetterling basteln	149
Janosch: Schnuddel pflanzt	150
Der Garten auf dem Fensterbrett	151
Möhrentassenkuchen	152
Edith Schreiber-Wicke: Sommer	153
Georg Bydlinski: Fernreise im Stadtbad	153
Peter Abraham: Letzter Schultag	154
Rolf Krenzer: Sommerzeit – Ferienzeit	155

Textquellennachweis

13.2 Jochen Missfeldt, in: Hans-Joachim Gelberg [Hrsg.]: Wo kommen die Worte her? Weinheim, Basel: Beltz & Gelberg 2011.; **17.2** Mathias Jeschke, in: Susanne Mardt [Hrsg.] Ene meine mink mank pink pank. Das Hausbuch der Kinderreime und Gedichte. Ellermann in Dressler, Hamburg 2017.; **19.2** Marga Arndt, Waltraut Singer [Hrsg.]: Fingerspiele und Rätsel für Vorschulkinder. Volk und Wissen, Berlin 1989.; **33.2** Georg Bydlinski, Das Krötenlied, in: Wasserhahn und Wasserhenne. Gedichte und Sprachspielereien. Dachs-Verlag, Wien 2002.; **35.2** Moni Port; Philip Waechter: Der Flugplatzspatz nahm auf dem Flugblatt Platz. Schnellsprecher und Zungenbrecher. Klett Kinderbuch: Leipzig 2017.; **37.2** Frank Smilgies, in: GEOmini 5/12; **43.2** Georg Bydlinski: Die bunte Brücke: Reime, Rätsel und Gedichte. Herder: Freiburg im Breisgau, Basel, Wien 1992.; **45.2** Paul Maar: Schüttelreime (Auszug). Aus: Gudrun Schury (Hrsg.): Ein Pudel spricht zur Nudel. Komisches für Kinder. Aufbau Verlag, Berlin 2010.; **49.2** James Krüss: Die Fabelinsel. Köln, Boje, 2010, 1. Aufl.; **51.2** Horst Klein: Haltet den Die ! Das verrückte ABC der geklauten Buchstaben. Klett Kinderbuch, Leipzig 2016 und Kleine Bewegung, Dieb! Das verrückte ABC der zurückgebrachten Buchstaben. Klett Kinderbuch: Leipzig 2017.; **53.2** Heinz Janisch, Von Giraffen und Affen, unter: https://www.dasgedichtblog.de/gedichte-fuer-kinder-folge-12-sechs-unveroeffentlichte-kindergedichte-von-heinz-janisch/2016/02/10/ (Stand: 07.03.18); **55.2** Frantz Wittkamp, Komm, wir teilen brüderlich, in: Frantz Wittkamp: Ich glaube, dass du ein Vogel bist : Verse und Bilder. Beltz und Gelberg: Weinheim 1990.; **61.2** Unbekannter Verfasser, Zeitvertreib, in: Susanne Mardt [Hrsg]: Ene mene mink mank pink pank : das hausbuch der kinderreime und Gedichte / mit Bildern von Angela Glökler. Ellermann: Hamburg 2017.; **63.2** Moni Port; Philip Waechter: Der Flugplatzspatz nahm auf dem Flugblatt Platz. Schnellsprecher und Zungenbrecher. Klett Kinderbuch: Leipzig 2017.; **65.2** Peter Härtling, Ein Pudel spricht zur Nudel, in : Gudrun Schury [Hrsg]: Ein Pudel spricht zur Nudel : Komisches für Kinder. Mit einem Geleitw. von Paul Maar. Mit Ill. von Leonard Erlbruch. Aufbau Verlag Berlin 2010.; **67.2** Aus: Marga Arndt, Waltraut Singer [Hrsg.]: Fingerspiele und Rätsel für Vorschulkinder. Volk und Wissen Verlag, Berlin 1989.; **69.5** Moni Port, Philip Waechter: Der Flugplatzspatz nahm auf dem Flugblatt Platz. Klett Kinderbuch, Leipzig 2017.; **71.2** Volksgut, Bürsten mit schwarzen Borsten, in: Susanne Mardt [Hrsg.] Ene meine mink mank pink pank. Das Hausbuch der Kinderreime und Gedichte. Ellermann in Dressler, Hamburg 2017.; **81.2** Unbekannter Verfasser, Was sind das für Sachen?, in: Susanne Mardt [Hrsg.] Ene meine mink mank pink pank. Das Hausbuch der Kinderreime und Gedichte. Ellermann in Dressler, Hamburg 2017.; **83.3** Unbekannter Verfasser, Weißt du was?, in: Bettina Gratzki: Mein Hummel-Weihnachtsbuch. Ars Edition GmbH, Sonderausgabe für die Verlagsgruppe Weltbild GmbH. München 2001.; **85.2** Max Kruse, Fischwunder, in: Amelie Fried: Ich liebe dich wie Apfelmus. cbj, München 2006.; **87.2** Unbekannter Verfasser, Junge jodelnde Jodlerjungen, unter: https://de.wikiquote.org/wiki/Zungenbrecher, oder http://sprueche.woxikon.de/zungenbrecher Stand: 28.08.17; **89.2** Walther Petri, ?, in: ders. und Gisela Neumann, Menke Kenke. Faber & Faber, Leipzig 1993; **91.2** Gerhard Sennlaub [Hrsg.]: Und mittendrin der freche Hans/Gedichte für Grundschulkinder. Cornelsen Verlag, Berlin 1986; **93.2** Wolfgang Bächler: Märchen. Aus: ders., Nachtleben. S. Fischer, Frankfurt am Main 1982.; **95.1** Josef Guggenmos: Wenn Riesen niesen. Aus: Was denkt die Maus am Donnerstag? 121 Gedichte für Kinder. Deutscher Taschenbuch Verlag, München 2001. © Beltz 1994; **95.2** Ein Wiesel saß auf einem Kiesel / Christian Morgenstern. Ill. von Christine Sormann. Lappan, Oldenburg 2011.; **97.2** Annette Huber, Nina Kuhn: Gedichte für kleine Wichte. Carlsen Verlag GmbH, Hamburg 2013.; **99.2** Jürgen Spohn: Pardaux & Co. Verse zum Vorsagen, Nachsagen und Weitersagen. Für Kinder ab 8 Jahren, Nagel & Kimche im Carl Hanser Verlag, München 1991.; **105.2** Georg Bydlinski: Wasserhahn und Wasserhenne. Gedichte und Sprachspielereien. DachsVerlag, Wien 2002.; **107.2** Moni Port; Philip Waechter: Der Flugplatzspatz nahm auf dem Flugblatt Platz. Schnellsprecher und Zungenbrecher. Klett Kinderbuch: Leipzig 2017.; **112.1** Steckbrief: Die Schnecke, unter: http://kinder.niedersachsen.de/natur/tiere-in-niedersachsen/die-schnecke/; **113.1** Josef Guggenmos, Sieben kecke Schnirkelschnecken, in: ders., Was denkt die Maus am Donnerstag, Bitter-Verlag, Recklinghausen 1967, auch unter: http://www.josef-guggenmos.com/schnirkelschnecken/; Stand: 07.03.18; **113.2** Christine Busta: Die Zauberin Frau Zappelzeh: Gereimtes und Ungereimtes für Kinder und ihre Freunde. Otto Müller Verlag, Salzburg 1979; **114.1** Ingrid Heller: Mein kleines Regenbuch. Verse, Rätsel, Basteleien. Altberliner Verlag, Berlin 1985.; **115.1** www.hamsterkiste.de/005/Baum/005.html (Sailer Verlag) Stand: 07.03.18.; **115.2** Mascha Schwarz (Hrsg.): Ein Hut, ein Stock, ein Regenschirm. Schüttelreime, Zungenbrecher, Quatschgedichte und mehr. Tulipan Verlag GmbH, Berlin 2013.; **117.2** Georg Bydlinski: Adalbär & Katzarina : groß und klein, zahm und wild - ein Tier-ABC in Wort und Bild. Nilpferd in Residenz, St. Pölten, Salzburg, Wien 2015.; **119.2** Mascha Schwarz [Hrsg.]: Ein Hut, ein Stock, ein Regenschirm. Schüttelreime, Zungenbrecher, Quatschgedichte und mehr. Tulipan Verlag GmbH, Berlin 2013.; **120.1** Die kleine Hexe (Auszug). Aus: Otfried Preußler: Die kleine Hexe. Thienemann Verlag, Stuttgart 1973.; **121.2** Christa Zeuch, Hexen-Zungenbrecher, in: Susanne Mardt (Hrsg.): Ene mene mink mank pink pank. Das Hausbuch der Kinderreime und Gedichte. Ellermann im Dressler Verlag GmbH, Hamburg 2017.; **123.2** Volksgut, in: Moni Port; Philip Waechter: Der Flugplatzspatz nahm auf dem Flugblatt Platz. Schnellsprecher und Zungenbrecher. Klett Kinderbuch: Leipzig 2017.; **124.1** Erhard Dietl: Die Olchis aus Schmuddelfing (Auszug), Verlag Friedrich Oetinger, Hamburg 2004.; **125.1** Zitat aus: Erhard Dietl: Die Olchis aus Schmuddelfing, Verlag Friedrich Oetinger, Hamburg 2004.; **128.2** Diana Amft: Die kleine Spinne Widerlich, Baumhaus-Verl. Köln 2011; **129.1** Heinz Janisch: Wo kann ich das Glück suchen? Verlag Jungbrunnen, Wien 2015.; **130.1** Josef Guggenmos, Was denkt die Maus am Donnerstag. Beltz und Gelberg, Weinheim, Basel 2006.; **131.1** Unbekannter Verfasser, Apfellied, in: Susanne Mardt (Hrsg.): Ene mene mink mank pink pank. Ellermann im Dressler Verlag GmbH, Hamburg 2017.; **131.2** Unbekannter Verfasser, Bäumchen, Bäumchen, wir bitten dich sehr, in: Susanne Mardt (Hrsg.): Ene mene mink mank pink pank. Ellermann im Dressler Verlag GmbH, Hamburg 2017.; **132.1** Hermann Siegmann, Herbsträtsel, in: Mücke 10/1981, Universum Verlagsanstalt, Wiesbaden.; **132.2** Kastanienigel nach: http://www.kinderspiele-welt.de/basteln-und-werkeln/basteln-mit-kastanien.html, Stand: 12.03.18; **133.2** Johannes Kuhnen: Wenn sich die Igel küssen(gekürzt). Aus: Jürgen Schöntges (Hrsg.): Freche Lieder – liebe Lieder. Beltz & Gelberg, Weinheim und Basel 1990.; **136.1** Wenn der Frische Herbstwind wehtText: Albert Sixtus © Christiane Schubert (RN von Albert Sixtus); **136.2** Rolf Krenzer: Kleine Tiere. Oktoberrätsel. © bei den Erben des Autors. Gefunden in: Ene mene mink mank pink pank. Das Hausbuch der Kinderreime und Gedichte. Ellermann im Dressler Verlag GmbH, Hamburg 2017.; **137.1** Gina Ruck-Pauquèt: Drachensteigen. Aus: Heinrich Schmidt (Hrsg.): Wir fliegen mit dem Sommerwind. Benziger Verlag, Zürich-Köln 1968.; **138.1** Gottfried Herold: Überraschung. Aus: Komm, wir woll'n im Regen gehen. Der Kinderbuchverlag, Berlin 2000.; **138.2** Alfred Könner: Schneemann Dicki Hinkebein. Aus: Hans-Otto Tiede (Hrsg.): Sieben Blumensträuße. Volk und Wissen Verlag, Berlin 1983.; **139.1** Elke Bräunling: Er war da. Aus: Kerstin Kipker (Hrsg.): Von drauß' vom Walde komm ich her. Arena Verlag GmbH, Würzburg 1997.; **139.2** Ursula Wölfel: Zum neuen Jahr. Aus: Wunder Welt. Schwann-Verlag, Düsseldorf 1970.; **140.1** Salah Naoura, Bötzkestraße 17, aus: SusanneWeber (Hrsg.): Wundersame Weihnachten (Auszug). Verlag Friedrich Oetinger, Hamburg 2015.; **142.1** nach Hanne Türk: Die Geschichte von der Schlittenfahrt. Aus: Huhn und Häschen erzählen sich Geschichten. Ravensburger Buchverlag, Ravensburg 1990.; **143.1** Theodor Storm: Sämtliche Gedichte. Insel Frankfurt am Main, Leipzig 2002.; **144.1** Paul Maar: Kakadu und Kukuda. © Verlag Friedrich Oetinger, Hamburg 2016.; **144.2** Paul Maar: Kakadu und Kukuda. © Verlag Friedrich Oetinger, Hamburg 2016.; **144.3** Volksgut, Unterm Baum im grünen Gras; **145.1** Paula Dehmel: Osterlied. Aus: Gedichte für Kinder. Hirschgraben Verlag, Frankfurt am Main 1963.; **146.1** Aus: Wladimir Sutejew: Lustige Geschichten, Übers. v. Hilde Angarowa. Leipziger Kinderbuchverlag, Leipzig 2003.; **147.1** Gisela Everling: Der Spatz. Aus: Texte zum Jahreskreis. Ernst Klett Schulbuchverlag, Stuttgart 1988.; **149.1** http://www.mittags-pause.de/deko-schmetterling-basteln/ Stand 19.01.2018; **150.1** Janosch: Schnuddel pflanzt. Aus: Janosch: Schnuddel pflanzt einen Gummibärenbaum. Krone-Verlag, Lünen 2009.; **153.1** Edith Schreiber-Wicke, Sommer, in: Dem Einfall fiel es plötzlich ein. Jungbrunnen, Wien 1995.; **153.2** Georg Bydlinski, Fernreise im Stadtbad, in: ders., Das Gnu im linken Fußballschuh. Boje, Köln 2014.; **154.1** Peter Abraham: Letzter Schultag. Aus: ABC, lesen tut nicht weh. Der Kinderbuchverlag, Berlin 1991.; **155.1** Rolf Krenzer: Sommerzeit – Ferienzeit. Aus: Rolf Krenzer (Hrsg.): Lieber Frühling, lieber Sommer. Menschenkinder Verlag, Münster 1993.

Bildquellennachweis

52.1 Fotolia.com (Kitch Bain), New York; **52.2** Mauritius Images (Minden Pictures / Suzi Eszterhas), Mittenwald; **52.3** Getty Images (Corbis Documentary), München; **52.4** Mauritius Images (Minden Pictures / Cyril Ruoso), Mittenwald; **68.1** Schülerarbeit; **81.1** Imago (Nature Picture Library), Berlin; **81.2** Alamy stock photo (Niels Poulsen DK), Abingdon, Oxon; **97.1** iStockphoto (CHKnox), Calgary, Alberta; **97.2** Adobe Stock (ejkrouse), Dublin; **105.1** iStockphoto (RF/noah gubner), Calgary, Alberta; **112.1** shutterstock (Tomas Sereda), New York, NY; **115.1** Adobe Stock (Stefan Arendt), Dublin; **118.1** Action Press GmbH, Hamburg; **119.1** Adobe Stock (mirpic), Dublin;

119.2 Adobe Stock (damedias), Dublin; **119.3** Adobe Stock (Jirus), Dublin; **120.1** Cover/Illustration von Winnie Gebhardt aus: Otfried Preußler „Die kleine Hexe" (c) 1957 Thienemann in der Thienemann-Esslinger Verlag GmbH, Stuttgart; **123.1** Thinkstock (iStock /), München; **123.2** Adobe Stock (Marco2811), Dublin; **123.3** iStockphoto (omada), Calgary, Alberta; **124.1** Erhard Dietl, Die Olchis aus Schmuddelfing © 2004 Verlag Friedrich Oetinger, Hamburg; **143.1** Fotolia.com (Pavlo Vakhrushev), New York; **146.1** aus: Lustige Geschichten von Wladimir Sutejew © Leipziger Kinderbuchverlag, Leipzig 2003; **146.2** aus: Lustige Geschichten von Wladimir Sutejew © Leipziger Kinderbuchverlag, Leipzig 2003; **147.1** PantherMedia GmbH (Marcus und Christoph Bosch), München; **147.2** Fotolia.com (K.-U. Häßler), New York; **147.3** shutterstock (S.Cooper Digital), New York, NY; **147.4** Fotolia.com (DirkR), New York; **148.1** Imago (blickwinkel), Berlin; **148.2** Adobe Stock (Marek R. Swadzba), Dublin; **148.3** Picture-Alliance (Wildlife), Frankfurt; **148.4** PantherMedia GmbH (Armin Hainzl), München; **149.1** Ulrike Gergaut – Mitarbeiterin, Leipzig; **149.2** Ulrike Gergaut - Mitarbeiterin, Leipzig; **149.3** Ulrike Gergaut – Mitarbeiterin, Leipzig; **149.4** Ulrike Gergaut – Mitarbeiterin, Leipzig; **149.5** Ulrike Gergaut - Mitarbeiterin, Leipzig; **149.6** Ulrike Gergaut – Mitarbeiterin, Leipzig; **149.7** Ulrike Gergaut – Mitarbeiterin, Leipzig; **151.1** Klett-Archiv-RF-HF (Dietmar Orgas, Leipzig), Stuttgart; **151.2** Klett-Archiv-RF-HF (Dietmar Orgas, Leipzig), Stuttgart; **151.3** Klett-Archiv-RF-HF (Dietmar Orgas, Leipzig), Stuttgart; **152.1** Ulrike Gergaut – Mitarbeiterin, Leipzig; **152.2** Ulrike Gergaut – Mitarbeiterin, Leipzig; **152.3** Ulrike Gergaut – Mitarbeiterin, Leipzig; **152.4** Ulrike Gergaut – Mitarbeiterin, Leipzig

Sollte es in einem Einzelfall nicht gelungen sein, den korrekten Rechteinhaber ausfindig zu machen, so werden berechtigte Ansprüche selbstverständlich im Rahmen der üblichen Regelungen abgegolten.

1. Auflage   1 10 9 8 7 | 27 26 25 24

Alle Drucke dieser Auflage sind unverändert und können im Unterricht nebeneinander verwendet werden.
Die letzte Zahl bezeichnet das Jahr des Druckes.
Das Werk und seine Teile sind urheberrechtlich geschützt. Das Gleiche gilt für die Software und das Begleitmaterial. Jede Nutzung in anderen als den gesetzlich zugelassenen oder in den Lizenzbestimmungen genannten Fällen bedarf der vorherigen schriftlichen Einwilligung des Verlages.Hinweis § 60a UrhG: Weder das Werk noch seine Teile dürfen ohne eine solche Einwilligung eingescannt und/oder in ein Netzwerk eingestellt werden. Dies gilt auch für Intranets von Schulen und sonstigen Bildungseinrichtungen. Fotomechanische, digitale oder andere Wiedergabeverfahren nur mit Genehmigung des Verlages.
Jede öffentliche Vorführung, Sendung oder sonstige gewerbliche Nutzung oder deren Duldung sowie Vervielfältigung (z.B. Kopieren, Herunterladen oder Streamen) und Verleih und Vermietung ist nur mit ausdrücklicher Genehmigung des Ernst Klett Verlages erlaubt.

Nutzungsvorbehalt: Alle Rechte, auch für Text- und Data-Mining (TDM), Training für künstliche Intelligenz (KI) und ähnliche Technologien, sind vorbehalten.
An verschiedenen Stellen dieses Werkes befinden sich Verweise (Links) auf Internet-Adressen. Haftungshinweis: Trotz sorgfältiger inhaltlicher Kontrolle wird die Haftung für die Inhalte der externen Seiten ausgeschlossen. Für den Inhalt dieser externen Seiten sind ausschließlich die Betreiber verantwortlich. Sollten Sie daher auf kostenpflichtige, illegale oder anstößige Inhalte treffen, so bedauern wir dies ausdrücklich und bitten Sie, uns umgehend per E-Mail an info@klett.support davon in Kenntnis zu setzen, damit bei der Nachproduktion der Verweis gelöscht wird.
Lehrmedien/Lehrprogramm nach § 14 JuSchG

© Ernst Klett Verlag GmbH, Stuttgart 2018. Alle Rechte vorbehalten. www.klett.de
Das vorliegende Material dient ausschließlich gemäß § 60b UrhG dem Einsatz im Unterricht an Schulen.

Autorinnen: Frances Fuhrmann (Sachsen), Bernadette Girshausen (Berlin), Marlies Wiesel (Sachsen)
Beratung: Thomas Arnold (Sachsen), Beate Eckert-Kalthoff (Bayern), Kerstin Lampe (Brandenburg), Ute Petermann (Thüringen), Sigrid Schröder (Thüringen)

Entstanden in Zusammenarbeit mit dem Projektteam des Verlages.

Layoutkonzeption: know idea gmbh, Freiburg
Illustrationen: Friederike Ablang, Berlin; Dorothea Ackroyd, Bielefeld; Verena Ballhaus, München; Vera Brüggemann, Bielefeld; Martina Burghard-Vollhardt, Kamenz; Thorsten Drossler, Leipzig; Anke Fröhlich, Leipzig; Gisela Fuhrmann, Hannover; Mascha Greune, München; Josef Hammen, Trierweiler; Susann Hesselbarth, Leipzig; Carmen Hochmann, Bielefeld; Hendrik Kranenberg, Drolshagen; Katrina Lange, Berlin; Lila L. Leiber, Hannover; Liliane Oser, Hamburg; Katja Rau, Fellbach; Bettina Reich, Leipzig; Annika Sauerborn, Mainz; Friederike Schumann, Berlin; Anja Vogel-Jaich, Berlin
Umschlaggestaltung: know idea gmbh, Freiburg
Umschlagillustration: Bettina Reich, Leipzig
Satz: typotext, Mühlacker
Druck: Firmengruppe APPL, aprinta druck, Wemding

Printed in Germany
978-3-12-310768-9

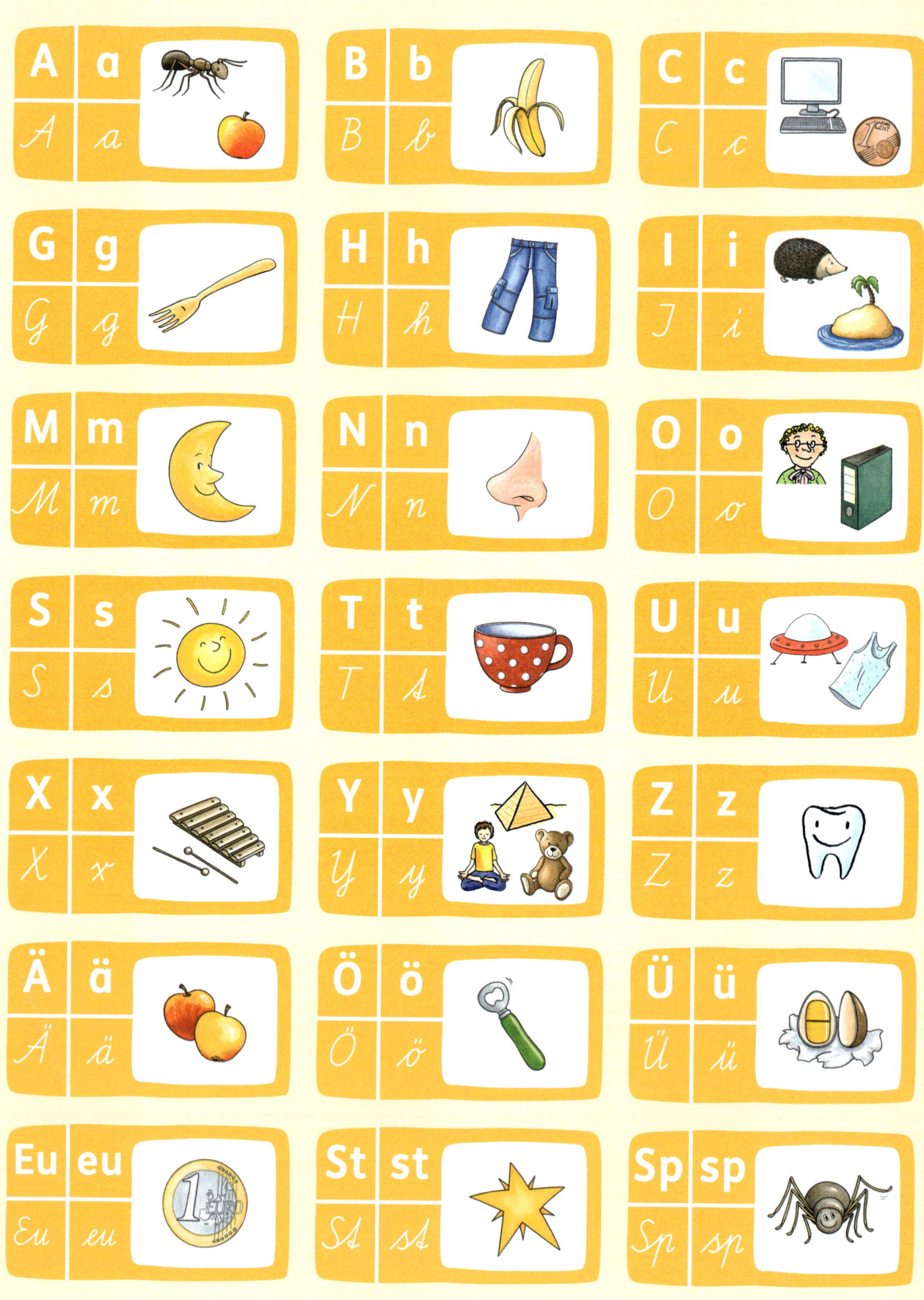

A a

E e

Ä ä

Ö ö

Ü ü

B**i**er

M m

L l

T t

H h

F f

R r

K k

B b

Sch sch

Sp sp

Pf pf

ng

Ri**ng**